문해력이 쑥쑥!

미디어 리터러시 챌린지

Pb 도서출판포스

들어가며

<도서관 챌린지>, <독서 챌린지>, <열두 달 챌린지>에 이어 네 번째 챌린지
시리즈인 <미디어 리터러시 챌린지>가 나왔어요. 요즘 문해력만큼 자주 등장하는
미디어 리터러시라는 말을 들어 본 적이 있나요?

기술이 발전할수록 미디어 리티러시의 개념은 중요해지고 있어요.
중요하지만 어렵게 느껴지는 미디어 리터러시를 쉽게 배우기 위해서
이 책을 만들었어요.

이 책은 도서관에서 자료를 분류하는 방법인
한국십진분류법의 10가지 큰 주제에 따라서 우리 생활 속에서
쉽게 만날 수 있는 미디어 즉, 매체를 소개하고 있어요.

50개의 챌린지 미션을 성공하는 과정을 통해서
쉽고 재미있게 미디어 리터러시를 키울 수 있어요.
또 각 미션들은 '2022 개정 교육과정' 성취기준과 '도서관과 정보생활'
성취기준을 반영하고 있어서 학교 공부에도 도움이 될 거예요.
그럼 함께 즐겁게 미디어 리터러시를 쑥쑥 키워 볼까요?

미디어 리터러시를 키우면 무엇이 좋을까요?

1. 책임감 있고 안전하게 미디어를 사용할 수 있어요.

2. 미디어 속 내용을 똑똑하게 살펴보고, 정보를 바르게 구별할 수 있어요.

3. 스스로 계획을 세워 바르게 미디어를 이용할 수 있어요.

4. 미디어에서 얻은 정보를 생활에 알맞게 활용할 수 있어요.

5. 미디어를 통해 내 생각을 창의적으로 표현할 수 있어요.

6. 여러 가지 미디어의 종류와 쓰임을 알고, 직접 사용해 볼 수 있어요.

7. 미디어로 친구들과 즐겁고 바르게 소통할 수 있어요.

8. 미디어를 사용하는 올바른 마음과 태도를 기를 수 있어요.

알아 둘까요?

미.리.챌. 친구들과 함께 키우는 미디어 리터러시 씨앗!
미디어 리터러시 씨앗을 꽃피우기 위해서 어떤 내용을 배울지 살펴볼까요?

미디어 리터러시 씨앗 심기

정보 찾기

 검색하기(Retrieve)
궁금한 점에 대해서 책이나 인터넷 등에서 필요한 정보를 찾는 단계

 꼼꼼히 살펴보고 분석하기 (Analyze)
모은 정보를 살펴보고 꼼꼼하게 분석하는 단계

 정리하기(Manage)
찾아낸 정보를 잘 정리해서 나중에 필요할 때 꺼내 쓸 수 있도록 하는 단계

미디어 리터러시 씨앗 틔우기

함께 생각하기

 협력하기(Collaborate)
모은 정보를 나누고 떠오르는 생각을 마음껏 나누는 단계

 생각 모으기(Ideate)
친구들과 나눈 많은 이야기 중에서 가장 좋은 아이디어들을 모아 하나의 멋진 생각으로 만드는 단계

미디어 리터러시 꽃 피우기

작품 완성하기

 생산하기(Create)
친구들과 정한 아이디어로 나만의 작품을 만드는 단계

 평가하기(Evaluate)
만든 결과물을 보면서 '이 부분을 이렇게 바꿔도 좋겠다'하고 생각하며 고쳐 나가는 단계

 함께 누리기(Engage)
완성된 결과물을 다른 사람들에게 보여 주고 함께 즐기며 공유하는 단계

이 책은 이렇게 활용할 수 있어요.

십진분류법

이 책은 한국십진분류법의 10가지 큰 주제로 구성되어 있어요. 다양한 주제를 통해 흥미를 높일 수 있어요.

리터러시 역량

이 책은 검색하기, 분석하기, 정리하기, 협력하기, 생각 모으기, 생산하기, 평가하기, 함께 누리기 8가지 영역으로 구성되어 있어요. 이 책을 따라가다 보면 다양한 미디어 리터러시 역량을 키울 수 있어요.

성취기준

활동별 성취기준을 확인할 수 있어요. 수업 교재로도 활용 가능하답니다.

다양한 미디어 활용

단행본부터 SNS, 광고, 누리집까지 실제 생활 속 미디어를 다루고 있어 어렵게 느껴지는 미디어 리터러시와 친해질 수 있어요.

이 책은 이렇게 구성되어 있어요.

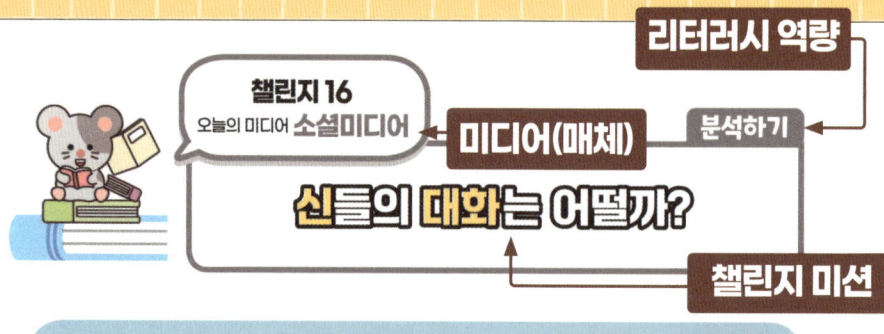

챌린지 16
오늘의 미디어 **소셜미디어**

신들의 대화는 어떨까?

리터러시 역량

미디어(매체)

분석하기

챌린지 미션

미디어 들여다보기

천상의 기록에 따르면, 인간 세상에 태어나는 아이 수가 해마다 줄고 있다는구나. 어찌 된 일이냐?

 맞사옵니다. 갈수록 혼인하는 인연이 줄고 있사옵니다.

 혼인하는 인연이 줄어드니 새로 태어나는 생명도 드물어졌습니다.

혼인하는 사람이 줄어드니 가족이 둘러앉아 밥을 먹는 일도 줄어들고 있습니다.

 어찌 좋은 방법이 없겠느냐?

 농사가 잘 되어야 가정을 이룰 수 있지요.

 마음 놓고 쉴 수 있는 집이 있어야 아이도 기를 수 있지요.

 그렇구나. 얼른 성주신과 자청비에게 알려 방도를 찾으라고 하여라.

**주제
(한국십진분류법)**

주제별, 영역별 활동을 만날 수 있어요.

챌린지 활동

1 신들의 대화를 읽고 해당 신의 이름과 하는 일을 연결해 보세요.

 •

 •

 •

 •

• 조왕신: 부엌을 돌보는 신

• 삼신할머니:
출산과 생명을 관장하는 신

• 월하노인: 결혼을 주관하는 신

• 옥황상제: 하늘을 다스리는 신. 신들
중에서 가장 높은 위치에 있는 신

2 1번에서 연결한 신의 이름과 그림을 짝지은 이유를 써 보세요.

신	이유
옥황상제	
월하노인	
삼신할머니	
조왕신	

3 신들의 대화를 읽고 알 수 있는 정보는 O, 알 수 없는 정보는 X로 표시하세요.

태어나는 아기의 수가 줄고 있다.	
혼인 수가 늘어나고 있다.	
옥황상제는 낮은 출산율을 해결할 방법을 찾고 있다.	
낮은 출산율을 높이는 방법은 한 가지 문제만 해결하면 된다.	

한국십진분류법 200 종교

045

미디어를 살펴볼까요?

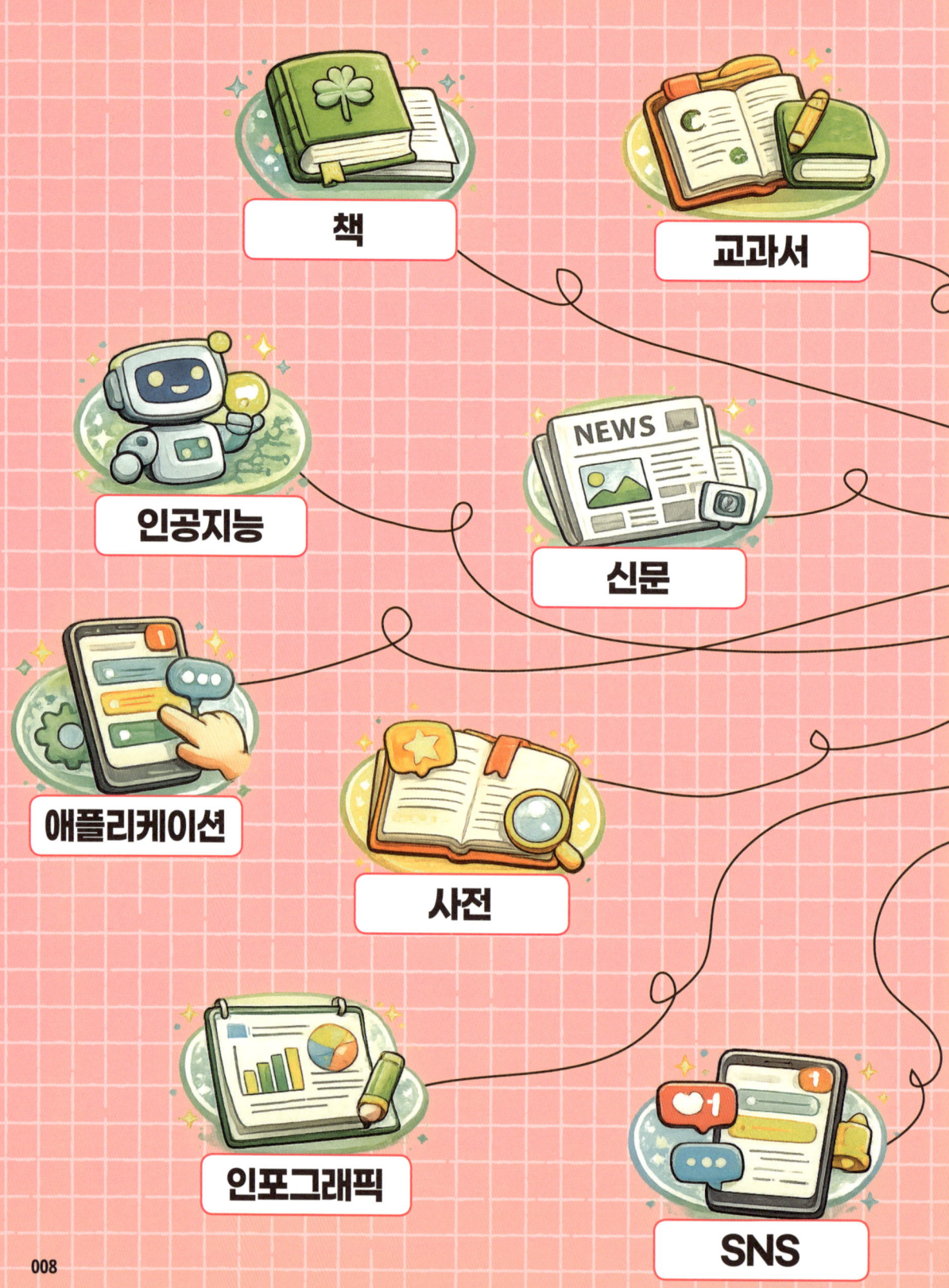

책

교과서

인공지능

신문

애플리케이션

사전

인포그래픽

SNS

카드 뉴스

광고

블로그

드라마 대본

미디어

누리집

웹툰

포스터

서평

차례

문해력이 쑥쑥!

의 미.리.챌린지

START!

미션 1

미션 2

미션 3

미션 4

미션 5

미션 6

미션 7

미션 8

미션 9

미션 10

미션 11

미션 14

미션 15

미션 16

미션 17

미션 18

미션 19

미션 20

미션 21

미션 22

미션 35

미션 36

미션 37

미션 38

미션 39

FINISH!

미디어 리터러시라고 들어 봤니?

미디어(Media)란?

- 넓은 의미에서 미디어는 글, 사진, 영상 등 다양한 형태로 사람과 사람, 사람과 사물 사이에 정보를 전달하는 도구를 의미해요. 매체라고도 해요.

- 첫째, 책, 영상, 음악, 사진, 게임, 뉴스, 웹툰과 같이 어떤 내용을 담고 있는 콘텐츠를 의미해요. 둘째, 이러한 콘텐츠를 보도록 하는 스마트폰, 컴퓨터, 텔레비전과 같은 기기를 뜻해요. 셋째, 우리가 콘텐츠를 보게 하는 포털 사이트나 영상 서비스 프로그램, 애플리케이션과 같은 플랫폼을 의미해요.

리터러시(Literacy)란?

- 단순한 문자 해독을 넘어, 특정 정보를 이해하고, 평가하고, 활용하며, 새로운 지식을 생산하는 종합적인 능력을 말해요. 이는 다양한 형태의 정보(시각, 청각, 디지털 등)를 다루는 능력을 포함해요.

미디어 리터러시(Media literacy)란?

- 미디어(Media)와 리터러시(Literacy)를 합친 말이에요.

- 미디어 리터러시란? 정보를 전달하는 다양한 매체를 이해하고, 매체가 전달하는 내용을 분석하여 평가하는 능력을 말해요. 즉, 미디어를 비판적으로 읽고 분석하며, 창의적으로 쓰는 능력이라고 할 수 있어요.

 **챌린지 활동**

1 아래 제시된 표에서 미디어에 해당하는 것에 모두 'O' 하세요.

2 리터러시(Literacy)에 대한 설명으로 알맞은 것은 무엇인가요?

① 글자를 해독하는 능력에만 국한된다.

② 정보를 이해·평가·활용하고 새로운 지식을 생산하는 능력을 포함한다.

③ 스마트폰, 컴퓨터와 같은 기기를 다루는 능력을 뜻한다.

④ 신화와 고전을 읽는 힘을 강조하는 개념이다.

3 다음 표를 보고 '미디어 리터러시'를 정의해 보세요.

미디어(Media)		리터러시(Literacy)
글, 사진, 영상 등 다양한 형태로 사람과 사람, 사람과 사물 사이에 정보를 전달하는 도구		단순한 문자 해독을 넘어, 특정 정보를 이해하고, 평가하고, 활용하며, 새로운 지식을 생산하는 종합적인 능력

미디어 리터러시(Media literacy)란?

미디어는 어떻게 바뀌었을까?

미디어는 어떻게 변화했나요?

- 미디어는 인류의 기술이 발전함에 따라 문자 미디어 시대, 인쇄 미디어 시대, 방송 미디어 시대, 인터넷 미디어 시대로 변화해 왔어요.

- **문자 미디어 시대:** 최초의 문자와 숫자가 발명되면서 정보를 쉽게 전달할 수 있게 되었어요.

- **인쇄 미디어 시대:** 금속 활자 인쇄술을 활용하여 책을 대량 인쇄하고 신문을 제작하여 사회 곳곳으로 정보를 전달하게 되었어요.

- **방송 미디어 시대:** 전기 통신이 발달하면서 전화, 라디오, TV가 발명되어 정보가 훨씬 빠르게 전달될 수 있었어요.

- **인터넷 미디어 시대:** 디지털 기술을 기반으로 컴퓨터와 인터넷을 활용하여 기존의 미디어를 융합하고 실시간으로 상호 소통이 가능해졌어요.

매스미디어가 뭐예요?

- **매스미디어란?** '대중매체'라고 부르고, 많은 사람들에게 동시에 정보를 전달하는 미디어를 말해요. 신문, 라디오, 텔레비전이 대표적이에요.

- 대중적이고, 일방향적이며, 계획적이라는 특징이 있어요.

올드 미디어와 뉴 미디어는 무엇인가요?

- **올드 미디어(Old Media)**는 신문, 라디오, 텔레비전처럼 정보를 일방적으로 전달하는 미디어를 말해요. 한번 만들어진 정보는 시청자나 청취자가 보거나 듣기만 할 수 있어요.

- **뉴 미디어(New Media)**는 인터넷, SNS, 유튜브처럼 사람들이 서로 소통하면서 정보를 주고받을 수 있는 미디어를 말해요. 댓글을 달거나, 영상을 만들거나, 다양한 방법으로 직접 참여할 수 있어요.

- 올드 미디어와 뉴 미디어는 상대적 개념으로 지금 우리에게 스마트폰은 뉴 미디어이고 신문이 올드 미디어지만, 앞으로 100년 후에는 스마트폰도 올드 미디어가 될 수도 있어요.

1 그림에 맞는 미디어를 선으로 연결해 보세요.

- ● 인쇄 미디어
- ● 방송 미디어
- ● 문자 미디어
- ● 인터넷 미디어

2 20년 전 초등학생이 사용했던 미디어와 지금 내가 사용하는 미디어를 비교해 보세요.

상황	20년 전 초등학생	현재의 나
친구에게 연락할 때		
영상물을 볼 때		
새로운 소식을 접할 때		

3 올드 미디어와 뉴 미디어의 공통점과 다른 점을 써 보세요.

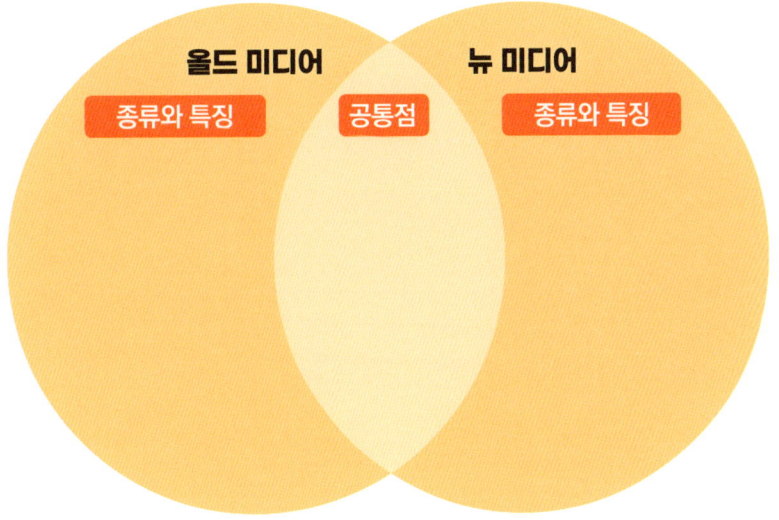

올드 미디어   뉴 미디어

종류와 특징   공통점   종류와 특징

한국십진분류법 0 0 0 총류

우리 생활 속 미디어, 어디에 숨어 있을까?

미디어란 사람들이 정보를 주고받는 도구나 방법을 말해요. 소식이나 이야기를 전달하는 모든 것이 미디어이지요. 다음은 우리가 생활 속에서 자주 사용하고 있는 미디어를 설명하고 있어요.

이제 여러분이 생활 속에서 만날 수 있는 미디어의 종류와 사용 방법에 대해서 알아보아요.

① [ㅊ]: 정보를 글로 전달해요. 종이를 모아 묶어 놓았죠.

② [ㅌㄹㅂㅈ]: 영상과 소리로 뉴스나 드라마를 보여 줘요.

③ [ㅅㅁㅌㅍ]: 가지고 다니며 전화, 문자, 사진, 영상, 게임 등 다양한 미디어를 이용할 수 있어요.

④ [ㄹㄷㅇ]: 소리로 음악이나 뉴스를 들려줘요.

⑤ [ㅇㅌㄴ]: 정보 검색, 유튜브, 메신저 등 다양한 방식으로 소통하게 해 줘요.

미디어 종류	예	할 수 있는 일
스마트폰과 애플리케이션	SNS(인스타그램, 카카오톡 등), 유튜브, 게임 앱	소통하기, 영상 보기, 게임 하기
영상과 OTT	넷플릭스 혹은 디즈니+ 등과 같은 채널을 통해 뉴스, 드라마, 예능 등을 원할 때 볼 수 있음	TV 시청, 인터넷 방송 보기
컴퓨터와 인터넷	웹사이트, 온라인 강의, 이메일, 웹툰	공부하기, 뉴스 읽기, 대화하기
음악 및 라디오	멜론, 스포티파이, 인터넷 라디오, 팟캐스트	음악 듣기, 이야기 듣기
신문 및 잡지	종이 신문, 온라인 뉴스 사이트	뉴스 읽기, 기사 보기
전자책 및 오디오북	전자책 리더기, 오디오북 앱	책 읽기, 이야기 듣기
카메라와 사진	휴대폰 카메라, 인스타그램 사진 공유	사진 찍기, 사진 올리고 보기

위에 설명된 미디어 중에 여러분은 평소에 어떤 미디어를 주로 사용하나요? 우리는 미디어와 아주 밀접한 생활을 하고 있답니다. 아마 오늘도 여러분은 미디어를 사용했을 거예요.

챌린지 활동

1 노란 메모지에 있는 ①~⑤ 안에 들어갈 미디어의 종류를 써 보세요.

① [   ]: 정보를 글로 전달해요. 종이를 모아 묶어 놓았죠.

② [   ]: 영상과 소리로 뉴스나 드라마를 보여 줘요.

③ [   ]: 가지고 다니며 전화, 문자, 사진, 영상, 게임 등 다양한 미디어를 이용할 수 있어요.

④ [   ]: 소리로 음악이나 뉴스를 들려줘요.

⑤ [   ]: 정보 검색, 유튜브, 메신저 등 다양한 방식으로 소통하게 해 줘요.

2 자주 쓰는 미디어의 종류와 어떤 활동을 하는지 써 보세요.

종류	활동
①	
②	

3 슬기로운 미디어 생활을 위한 미디어 사용 계획을 써 보세요.

한 국 십 진 분 류 법   0 0 0 총 류

가짜 뉴스를 찾는 탐정이 되어 볼까?

시사 콕! 상식 콕! 2025년 9월호

'고추 줄기(고춧대)를 끓여 마시기'

'실내에 양파 두기'

'연고를 코 밑에 바르기'

'고체 이산화염소가 기체로 바뀌면서 바이러스를 없애는 목걸이 착용하기'

'동물용 기생충 질환 치료제 복용하기'

위의 다섯 가지 이야기는 무엇에 대한 것일까요? 바로 코로나를 예방하거나 치료할 수 있다고 알려졌던 방법입니다. 정말 효과가 있었을까요? 그럴듯하지만 모두 허위정보랍니다.

코로나 팬데믹* 초기에는 과학적인 정보가 부족하여 각종 예방법과 치료법이 등장했고, 이러한 허위정보는 온라인을 통해 순식간에 퍼졌답니다. 더군다나 코로나의 위험성과 전염에 대한 불안감과 공포심에 떨고 있던 대부분의 사람들은 더욱 믿고 의지하고 싶었을 거예요. 이런 혼란한 시기에는 가짜 뉴스 혹은 허위정보가 더욱더 잘 퍼지게 된답니다.

그렇다면 가짜 뉴스가 만들어지고 퍼지는 이유는 무엇일까요?

첫째, 경제적 이득을 취하기 위해 즉, 돈을 벌기 위해서예요. 사람들이 많이 클릭하면 광고 수익이 생기니 자극적인 제목(예: 충격!, 폭로!)으로 사람들의 관심을 끌어서 조회수를 올리는 거죠.

흔히들 '낚였다'라고 표현하기도 하죠. 이렇게 과장된 뉴스를 통해 누군가는 경제적인 이득을 취하게 된답니다.

둘째, 사회적으로 불안을 만들고 사람들 사이에 혼란을 일으키기 위해 가짜 뉴스를 만들기도 해요. 어떤 단체나 개인이 사회를 혼란스럽게 만들거나 공포감을 주기 위해 일부러 거짓 소문을 퍼뜨리기도 한답니다.

셋째, 단순히 장난치거나 관심을 끌기 위해서예요. 어떤 사람은 가짜 정보를 일부러 만들어 퍼뜨리기도 해요. 내 글이 퍼지고 인기를 끄는 것이 재미있어서가 이유인 경우도 있죠.

넷째, 사실 확인을 하지 않고 공유해서 가짜 뉴스가 퍼지기도 해요. 어떤 사람은 그게 가짜인지 몰라서, 좋은 의도로 정보를 '공유'하고자 하는 마음에 의도치 않게 가짜 정보를 퍼뜨릴 때도 있어요. 하지만 사실을 확인하지 않고 퍼뜨리는 것도 가짜 뉴스를 확산시킨답니다.

*팬데믹: 전염병이 전 세계적으로 크게 유행하는 현상

한국십진분류법 000 총류

챌린지 활동

이처럼 가짜 뉴스는 다양한 원인으로 생성되고 확산되고 있어요. 내가 가짜 뉴스를 만들지 않더라도 나도 모르게 공유한 것들이 가짜 뉴스였다면 가짜 뉴스를 생산한 사람과 다르지 않아요. 그렇다면 정보를 알게 되었을 때 그것이 진짜인지 가짜인지 구분하는 능력이 필요하겠죠?

1 아래에서 가짜 뉴스의 진실을 체크하는 방법을 설명하고 있어요. 설명을 보고 빈칸에 써 보세요.

① ㅊ ㅊ 확인하기

뉴스가 어디에서 나왔는지 확인해요. 믿을 만한 신문사인지, 공식적인 기관에서 나온 것인지 확인해야 해요.

② 다른 뉴스와 ㅂ ㄱ 하기

같은 내용이 다른 신문사에도 있는지, 같은 내용의 기사들이 많은지 찾아봐요. 여러 곳에서 비슷한 내용을 보도하면 믿을 수 있겠죠?

③ ㄴ ㅉ 와 ㅅ ㄱ 확인하기

뉴스가 오래된 것인지, 최신 기사인지 확인해 봐야 해요. 오래전에 있었던 일을 최근에 일어난 일인 것처럼 만들어진 기사도 있어요.

④ ㅅ ㅈ 과 ㅇ ㅅ 확인하기

다른 상황의 사진일 수도 있고, 영상이 편집되거나 가짜로 만들어진 것인지 의심해 봐야 해요. 믿을 만한 정보원에서 이미지 검색을 하면 알 수 있어요.

2 여러분이 가짜 뉴스를 찾아내는 감시관이라고 생각하고, SNS, 신문기사 등 가짜 뉴스로 보이는 것을 찾아 써 보세요. 이미 가짜 뉴스로 판명 난 것도 좋아요.

아래의 콘텐츠는 가짜 정보로서 사람들에게 혼란을 줄 것으로 우려가 되므로 가짜 뉴스로 신고하고자 합니다.

감시관인 내 이름:

가짜 뉴스 제목:

가짜 뉴스 제작자:

가짜 뉴스가 실린 미디어: 유튜브 신문기사 인스타그램 카카오톡 밴드 기타( )

가짜 뉴스라고 생각하는 이유:

가짜 뉴스가 확산되면 일어날 문제점:

나의 미디어 생활 점수는 몇 점일까?

나도 미디어 리터러시 전문가!

똑똑한 미.리.챌. 친구들이 만드는 안전한 디지털 세상! 요즘 친구들은 어떤 미디어를 자주 이용하나요?

유튜브, 틱톡, 게임, 다양한 검색 사이트, 스마트폰 앱까지! 우리는 하루에도 여러 번 미디어를 사용하며 살아가고 있어요. 그런데 혹시 이런 생각 해 본 적 있나요?

유튜브 속 영상, 모두 사실일까?

내가 쓴 댓글이 누군가의 마음을 아프게 할 수도 있지 않을까?

광고가 진짜로 제품의 좋은 것만 말해 줄까?

이럴 때 필요한 것이 바로 미디어 리터러시예요.

'미디어 리터러시'는 미디어를 바르게 보고, 듣고, 판단하고, 표현하는 힘이에요.
쉽게 말하면, 인터넷과 스마트폰을 똑똑하고 예의 바르게 쓰는 능력이라고 할 수 있죠!

▶ 미디어를 잘 쓰는 법, 어렵지 않아요!
미디어는 재미있고 편리하지만, 잘못 사용하면 문제가 생길 수 있어요.
예를 들면

> 1. 거짓 정보나 가짜 뉴스에 속을 수 있어요.
> 2. 남을 따라 하다 위험한 행동을 할 수도 있어요.
> 3. 무심코 내가 남긴 댓글이나 행동이 다른 사람에게 상처를 줄 수 있어요.
> 4. 너무 오래 사용하면 건강에도 좋지 않아요.

그래서 우리는 미디어를 사용할 때 생각하는 습관을 길러야 해요.
단지 정보를 받아들이는 게 아니라, 그 정보가 어디서 왔는지, 사실인지, 왜 이런 말을 하는지 한 번 더 생각해 보는 것이 중요해요.

나의 미디어 습관 체크리스트

지금부터 나의 미디어 사용 습관을 점검해 볼 거예요.
체크리스트를 작성한 뒤, 잘하고 있는 점과 더 노력해야 할 부분에 대해 생각해 볼까요?

- ☐ 오늘 본 영상이나 정보가 사실인지 한 번 더 생각해 보았어요.
- ☐ 누군가가 올린 글이나 영상에 예의 바른 댓글을 달고, 상처 주는 말은 하지 않아요.
- ☐ 광고를 보면서 '정말일까?' 하고 비판적으로 생각해 봤어요.
- ☐ 위험하거나 따라 하면 안 될 행동이 나오는 영상은 따라 하지 않고 넘겼어요.
- ☐ 미디어에서 얻은 정보가 어디서 나온 것인지 '출처'를 확인해요.
- ☐ 미디어를 사용할 시간을 미리 정하고, 약속된 시간만큼 사용해요.
- ☐ 내가 본 미디어에 대해 가족이나 친구와 이야기를 나누며 생각을 정리해요.
- ☐ 누군가 이상한 링크나 광고를 보냈을 때, 바로 누르지 않아요.
- ☐ 오늘은 미디어만 이용하지 않고, 책을 읽거나 몸을 움직이는 활동도 했어요.
- ☐ 인터넷에서 알게 된 잘 모르는 사람과는 개인 정보를 나누지 않고 조심해요.

> 디지털 세상에서도 예의가 필요해요.
> 디지털 세상에서도 우리는
> 진짜 세상처럼 서로를 배려해야 해요.

결과

6개 미만 조금 아쉬워요! 그렇지만 앞으로 조금씩 바꿔 보아요.
내가 놓친 부분이 무엇인지 생각해 보고 꼭 지키고 싶은 약속 한 가지를 먼저 정해서 도전해 보아요.

6~8개 잘했어요! 건강한 미디어 생활을 하고 있어요. 몇 가지 놓친 점은 다음에 꼭 실천해서 '미디어 똑똑이'가 되어 봅시다.

9~10개 최고예요! 정말 멋진 미디어 습관을 실천하고 있어요. 지금처럼만 꾸준히 한다면, 미디어 리터러시가 쑥쑥 자라 진정한 '디지털 시민'으로 자라날 거예요!

낱말로 미디어 리터러시를 키워 볼까?

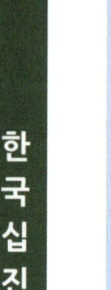

한국십진분류법 000 총류

미디어 리터러시 향상을 위해 새롭게 등장한 낱말들을 소개해요.
낱말만 알아 두어도 여러분의 미디어 리터러시 능력은 한층 더 깊어지고 현명하게 소통하는 힘이 생겨요.

딥페이크 [deepfake]
인공지능 기술을 이용해 사람의 얼굴이나 목소리를 실제처럼 보이게 만든 영상이나 소리.
예 **딥페이크**로 만든 영상은 진짜처럼 보여서 헷갈릴 수 있어요.

디지털 윤리 [digital ethics]
디지털 기기나 인터넷을 사용할 때 지켜야 할 예절과 올바른 행동.
예 다른 사람을 놀리거나 욕하는 건 **디지털 윤리**에 어긋나요.

메타버스 [metaverse]
현실과 비슷한 활동을 할 수 있는 가상의 디지털 공간.
예 **메타버스** 안에서 아바타로 친구들과 대화했어요.

미디어 [media]
정보나 소식을 전달하거나 나눌 수 있는 수단이나 도구.
예 뉴스를 보거나 영상을 보는 것도 모두 **미디어**를 이용하는 거예요.

빅데이터 [big data]
아주 많은 데이터를 모아 분석해 중요한 정보를 찾는 기술이나 방법.
예 쇼핑몰에서 **빅데이터**를 활용해 고객의 관심사를 파악했어요.

브이로그 [vlog]
자신의 일상이나 경험을 영상으로 찍어 인터넷에 올리는 콘텐츠로 '비디오(Video)'와 '블로그(Blog)'의 합성어이다.
예 나는 여행 **브이로그**를 찍어서 친구들과 공유했어요.

블로그 [blog]
자신의 생각, 일상, 정보를 글과 사진 등으로 기록해 인터넷에 올리는 개인 웹사이트나 공간.
예 나는 육아일기를 공유하는 **블로그**를 운영하고 있어요.

아바타 [avatar]
가상세계에서 사용자를 대신해 움직이는 캐릭터나 그림.
예 게임 속 내 **아바타**는 나와 닮은 모습이에요.

알고리즘 [algorithm]
컴퓨터가 문제를 해결하거나 정보를 처리할 때 따르는 정해진 순서나 규칙.
예 유튜브 **알고리즘**이 내가 좋아할 만한 영상을 추천해 줬어요.

인공지능 [人工知能, AI – artificial intelligence]
사람처럼 생각하고 배우며 스스로 판단해 행동할 수 있는 컴퓨터 기술.
예 **인공지능** 스피커가 말을 알아듣고 날씨를 알려 줬어요.

챌린지 활동

미디어 리터러시 향상을 위한 낱말 찾기!
미디어 리터러시 탐정이 되어 낱말 암호문을 해독해 볼까요?

암호 힌트

○	●	◎	◇	◆	□	■	△	▲
ㄱ	ㄴ	ㄷ	ㄹ	ㅁ	ㅂ	ㅅ	ㅇ	ㅈ
▽	▼	☆	★	◁	◀	▷	▶	♤
ㅊ	ㅋ	ㅌ	ㅍ	ㅎ	ㅏ	ㅑ	ㅓ	ㅕ
♠	♡	♧	♣	◉	◈			
ㅗ	ㅛ	ㅜ	ㅠ	ㅡ	ㅣ			

1 암호를 풀면 무슨 글자가 나오는지 써 보세요.

△	◀	□	◀	☆	◀

2 암호를 풀면 무슨 글자가 나오는지 써 보세요.

□	◉	△	◈	◇	♠	○	◉

3 낱말의 뜻을 바르게 설명한 친구를 모두 고르세요.

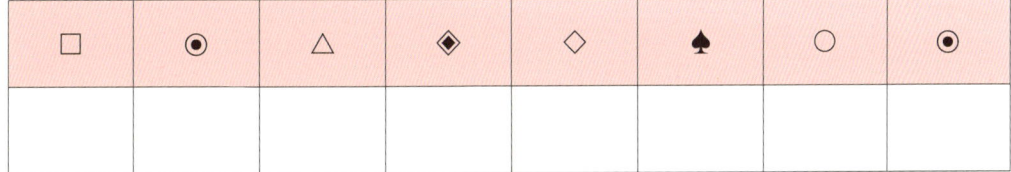

① 유빈: 아바타는 게임, 메타버스 등에서 자기를 표현하는 수단으로 쓰이는 것을 의미해.

② 예빈: 사이버 예절, 개인정보 보호 등도 디지털 윤리에 포함돼.

③ 창효: 신문, 방송, 인터넷, 유튜브 등은 미디어가 아니야.

④ 민지: 딥페이크는 재미로 사용하는 거라 아무 문제가 없어.

서평에서 소개하는 책은 어떤 책일까?

이 달의 신간 도서! 챌린지 시리즈가 새롭게 돌아왔어요.
<미디어 리터러시 챌린지>

지은이: 강은주, 김정인, 방민지, 정진희
출판사: 도서출판포스

학교도서관에서 펼쳐지는 미디어 리터러시 이야기를 담은 새로운 책 <미디어 리터러시 챌린지>가 나왔어요. 우리가 매일 사용하는 미디어가 천 년 전에도 있었다는 사실 아세요? 스마트폰과 SNS가 옛날에도 있었다는 말일까요? 가짜 뉴스로 사람들을 헷갈리게 하는 일이 조선 시대에도 있었다고요? 함께 미디어의 세계로 탐험을 떠나서 미션을 완성해 보아요.

첫 번째 미션 미디어가 무엇인지 알기!
우리 주변에는 수많은 미디어가 있어요. 다른 말로 매체라고 하지요. 책, 인터넷, 영상, TV 등 하루 종일 미디어에 둘러싸인 세상에서 어떤 매체가 있고, 이것을 어떻게 현명하게 활용할 수 있는지 알아보아요. 그리고 내가 가장 많이 활용하는 미디어가 무엇인지도 살펴보아요.

두 번째 미션 가짜 뉴스 탐정 되기!
인터넷에 올라온 글과 영상을 보고 믿어 본 적 있나요? 누가 만든 것인지도 모르고 진실이라고 생각했는데 알고 보니까 가짜 뉴스인 적도 있을 거예요. 믿을 수 있는 정보를 찾아서 팩트 체크를 하는 방법을 알고 가짜 뉴스를 알아내는 탐정 게임도 해 보세요.

세 번째 미션 미디어를 똑똑하게 사용하기!
스마트폰을 손에서 놓지 못하고 잠들 때까지 보고 있다면 어떤 일이 생길까요? 눈이 나빠지고 늦잠을 자고 부모님의 잔소리를 듣게 될 수도 있어요. 재미있는 영상을 보면서 스트레스를 푸는 것도 좋지만 내가 조절하지 못한다면 자칫 미디어 중독이 될 수 있어요. 나 스스로 조절하고 책임감 있게 미디어를 활용하는 방법에 대해서 알아보아요.

<미디어 리터러시 챌린지>를 읽고 미디어 문해력을 키워 보세요.

 **챌린지 활동**

1 신간 도서 〈미디어 리터러시 챌린지〉의 서평을 보고 이 책을 읽는다면 어떤 부분을 중심으로 살펴보고 싶은지 써 보세요.

* 서평이란? 책에 대한 내용과 평가를 담은 글이에요. 책의 제목, 작가, 출판사를 소개하고, 책의 줄거리나 작가가 하고 싶은 말, 이 책을 읽은 자신의 생각 등이 담겨 있어요.

2 가장 많이 사용하는 미디어를 3가지 뽑아서 미디어 올림픽 시상대에 순위별로 네모 안에 쓰고 이유를 써 보세요.

금메달을 준 이유	은메달을 준 이유	동메달을 준 이유

3 미디어 리터러시를 키울 수 있는 나만의 방법을 쓰고, 친구의 방법도 한 가지 이상 듣고 써 보세요.

나의 방법	
친구의 방법	

블로그에 올라온 글을 **읽어 볼까?**

우리 학교도서관에서 미디어 리터러시를 키울 수 있어!

작성자: 사랑둥이 주원   날짜: 2025년 8월 24일

오늘 학교도서관에 갔어. 얼마 전에 뉴스를 봤는데, 학교도서관에서 미디어 리터러시를 키울 수 있다고 하더라고. 도서관 문을 여니 학생들이 컴퓨터로 필요한 책을 찾고 있고, 모둠학습실에서는 태블릿으로 숙제를 하고 있었어.

모둠학습실에서 학생들이 교과서를 펼쳐 놓고 모르는 낱말에 동그라미를 치고, 국어사전, 영어사전, 백과사전을 펼쳐 놓고 의미를 찾고 있었어. 나도 얼마 전에 사전 찾는 방법을 배웠는데 사전이 필요할 때 도서관에 와야겠어.

우리반 친구들이 사서선생님을 둘러싸고 이야기를 나누고 있었어. 가까이 가 보니 수업 시간에 배운 '생활 기상 지수'에 대해서 질문을 하고 있었어. 사서선생님께서 그 질문에 대해 여러 가지를 알려 주셨지. 정확하게 기억은 나지 않지만 이렇게 말씀하신 것 같아.

"이 책에는 날씨와 건강에 대한 정보가 나와 있고, 이 자료는 다양한 생활 기상 지수의 예가 나와 있단다. 기상청 웹 사이트에 들어가면 우리 지역의 날씨에 대해서 쉽게 확인할 수 있어. 우리 도서관에서 자료를 더 찾아보고 싶으면 453번에 기상에 대한 책이 모여 있으니 더 찾아보렴."

오늘 하루 도서관을 다니면서 많은 생각을 했어. 도서관에서 사서선생님의 도움을 받고 여러 가지 자료를 찾아보면서 미디어 리터러시를 키울 수 있겠다는 생각이 들었어. 다음에 또 와야지.

챌린지 활동

1 학교도서관에서 미디어 리터러시를 키우기 위해 한 활동이 아닌 것은 무엇인가요?

① 사서선생님에게 어떤 자료를 찾으면 좋을지 질문해요.

② 모르는 낱말을 사전에서 찾아보아요.

③ 정보 검색용 태블릿으로 유행하는 게임을 해요.

④ 도서관에서 컴퓨터로 필요한 책을 검색해서 찾아요.

2 사서선생님이 알려 준 한국십진분류법의 번호인 453번으로 간다면 어떤 자료를 찾을 수 있나요?

① 지구의 모습을 알려 주는 지형학

② 날씨와 관련된 기상학

③ 바다와 관련된 해양학

④ 돌멩이를 연구하는 암석학

3 도서관에서 숙제를 하거나 모르는 내용을 찾아본 적이 있다면 어떤 미디어를 활용했나요? 없다면 어떤 미디어를 활용할 것인지 써 보세요.

드라마 대본에 나오는 두 사람은 누구일까?

<철학자의 정원>

부제: 눈앞의 그림자에 속지 마!

등장인물

플라톤:진리를 사랑하는 고전 철학자. 고요하지만 단호하다.

아리스토텔레스:논리와 실천을 중시하는 현실적인 철학자. 따뜻하면서도 날카롭다.

S#1. 푸른 나무와 햇살이 내려앉은 '철학자의 정원'

(푸른 나무와 새소리가 가득한 평화로운 정원. 바람에 나뭇잎이 흔들린다. 벤치에 플라톤과 아리스토 텔레스가 앉아 있다.)

플라톤: (조용히 하늘을 바라보며) 요즘 세상은 마치 모두가 동굴 속에 갇혀 사는 것 같네. 진짜를 보지 못하고, 그림자만을 진실이라 믿고 있지.

(아리스토텔레스, 진지한 표정으로 고개를 끄덕인다.)

아리스토텔레스: 가짜 뉴스 말씀하시는 건가요? 사실이 아닌 이야기들이 진짜처럼 퍼져 나가는 세상. 그런데 사람들은 왜 그런 걸 쉽게 믿을까요?

플라톤: (손을 들어 햇살을 가리며) 진실은 눈이 부시거든. 그림자는 편하지. 가만히 앉아 바라보면 되니까.

(두 철학자의 대화가 벤치 위에서 이어진다.)

아리스토텔레스: 그래서 더더욱 질문하는 힘이 필요합니다. '이건 누가 만든 뉴스지?', '어떤 내용이 진짜이고 어떤 내용이 거짓인 거지?' 그렇게 묻는 연습을 해야 하지 않을까요?

플라톤: 음. 변증법의 시작이군. 질문하고, 대답하고, 다시 묻는 것. 그걸 반복하다 보면, 비로소 진짜를 보게 되지.

(카메라, 나뭇잎 사이로 비치는 햇살을 담는다.)

아리스토텔레스: (미소 지으며) 그래서 저는 아이들이 정보 앞에서 선택할 줄 아는 사람이 되길 바랍니다. 무엇이 가치 있는지, 무엇을 믿을지 스스로 판단하는 힘 말이지요.

> 플라톤은 고개를 끄덕이며 단호한 목소리로 말했다.
> "맞아. 눈 앞에 보이는 그림자에 속지 말고, 질문하고 생각하라고 우리가 아이들에게 꼭 전해 줘야 해."

(두 철학자가 함께 정원을 걸어 나간다. 뒤에서 햇살이 반짝인다.)

 # ENDING NARRATION

 세상을 더 똑똑하게 바라보는 법은 아주 작은 질문에서 시작됩니다. 그것이 바로 철학이고, 미디어 리터러시입니다.

 **챌린지 활동**

1 대본에서 모르는 낱말에 동그라미(O)를 하고 아래에 써 보세요.

2 플라톤과 아리스토텔레스에 대해서 맞으면 O로 표시하세요.

플라톤

"나는 아리스토텔레스의 제자야."

"동굴 속 그림자는 진실이 아니야."

아리스토텔레스

"나는 진리를 사랑하는 철학자야."

"질문하는 연습을 거듭해서 질문하는 힘을 키워야 해."

3 네모 안의 글을 대본 형식으로 바꿔 써 보세요.

> 플라톤은 고개를 끄덕이며 단호한 목소리로 말했다.
>
> "맞아. 눈 앞에 보이는 그림자에 속지 말고, 질문하고 생각하라고
> 우리가 아이들에게 꼭 전해 줘야 해."

국립어린이청소년 도서관 안내 책자를 만들어 볼까?

← 국립어린이청소년 도서관 누리집으로 연결되어요.

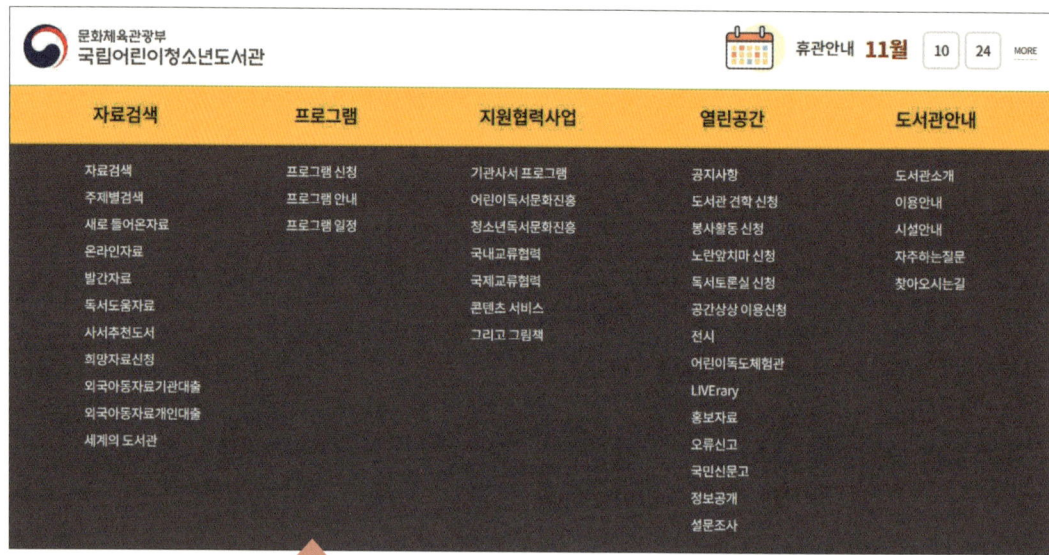

문화체육관광부
국립어린이청소년도서관

휴관안내 **11월** 10 24 MORE

자료검색	프로그램	지원협력사업	열린공간	도서관안내
자료검색	프로그램 신청	기관사서 프로그램	공지사항	도서관소개
주제별검색	프로그램 안내	어린이독서문화진흥	도서관 견학 신청	이용안내
새로 들어온자료	프로그램 일정	청소년독서문화진흥	봉사활동 신청	시설안내
온라인자료		국내교류협력	노란앞치마 신청	자주하는질문
발간자료		국제교류협력	독서토론실 신청	찾아오시는길
독서도움자료		콘텐츠 서비스	공간상상 이용신청	
사서추천도서		그리고 그림책	전시	
희망자료신청			어린이독도체험관	
외국아동자료기관대출			LIVErary	
외국아동자료개인대출			홍보자료	
세계의 도서관			오류신고	
			국민신문고	
			정보공개	
			설문조사	

← 국립어린이청소년 도서관 누리집이에요. 누리집의 첫 화면에서 도서관에 대한 내용을 확인해 볼까요?

← 도서관의 소개를 담은 리플릿이에요. 누리집에서 더 많은 리플릿을 확인할 수 있어요.

리플릿이란 설명이나 광고의 내용을 담은 종이 쪽지나 얇은 책자를 말해요. 박물관이나 미술관, 관광지에서 나눠 주는 안내 자료로 많이 쓰여요.

챌린지 활동

1 질문을 해결할 수 있는 누리집의 목차를 찾아 연결해 보세요.

① 도서관에서 〈어린 왕자〉는 어디에 꽂혀 있을까?　　　　　　　　　㉠ **이용 안내**

② 도서관은 몇 시에 열고 닫을까?　　　　　　　　　㉡ **희망자료 신청**

③ 〈독서 챌린지〉 책을 도서관 신간 도서로 신청하려면 어떻게 해야 할까?　　　　　　　　　㉢ **어린이독도체험관 LIVErary**

④ 독도의 역사가 궁금한데, 독도를 실감나게 체험해 볼 수 있는 곳은 없을까?　　　　　　　　　㉣ **자료 검색**

2 도서관 누리집과 리플릿을 살펴보고 초등학교 1학년에게 국립어린이청소년도서관을 소개하는 안내 책자를 만들어 보세요.

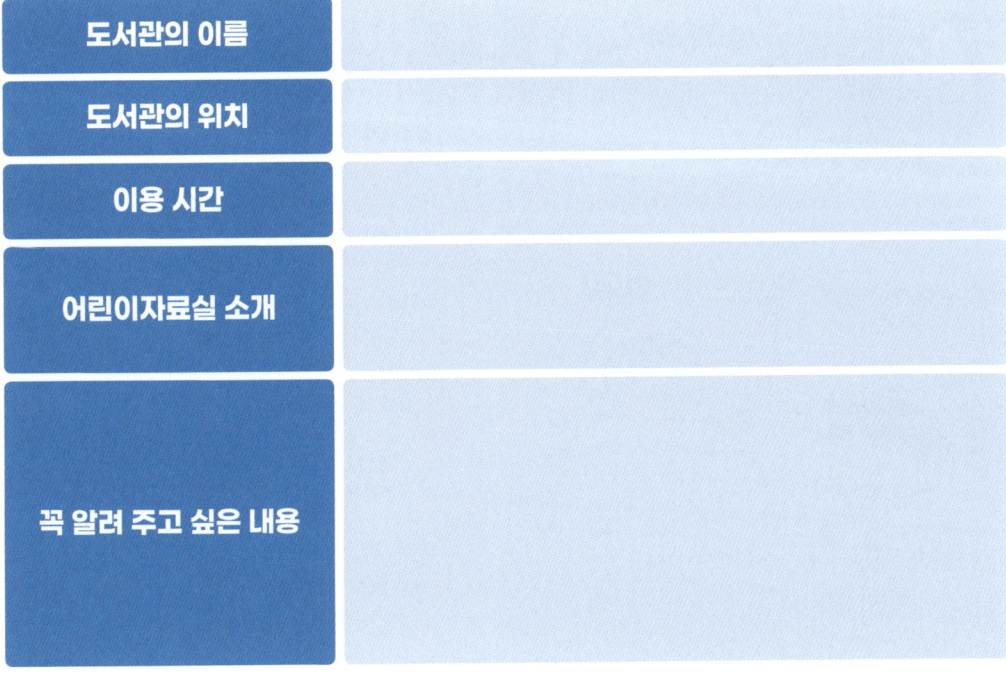

도서관의 이름	
도서관의 위치	
이용 시간	
어린이자료실 소개	
꼭 알려 주고 싶은 내용	

내 마음이 피라미드였다고?

초등학교 5학년인 마설로는 꿈 속에서 다섯 요정을 만났어요. 피라미드 제일 위에 사는 요정을 만나야 꿈에서 깰 수 있는데 과연 마설로는 무사히 요정들을 만날 수 있을까요?

한국십진분류법 100 철학

 **챌린지 활동**

1 〈보기〉를 보고 네모 안에 들어갈 말을 써 보세요.

<보기>
잠, 밥, 꿈, 친구, 안전, 최선, 응원

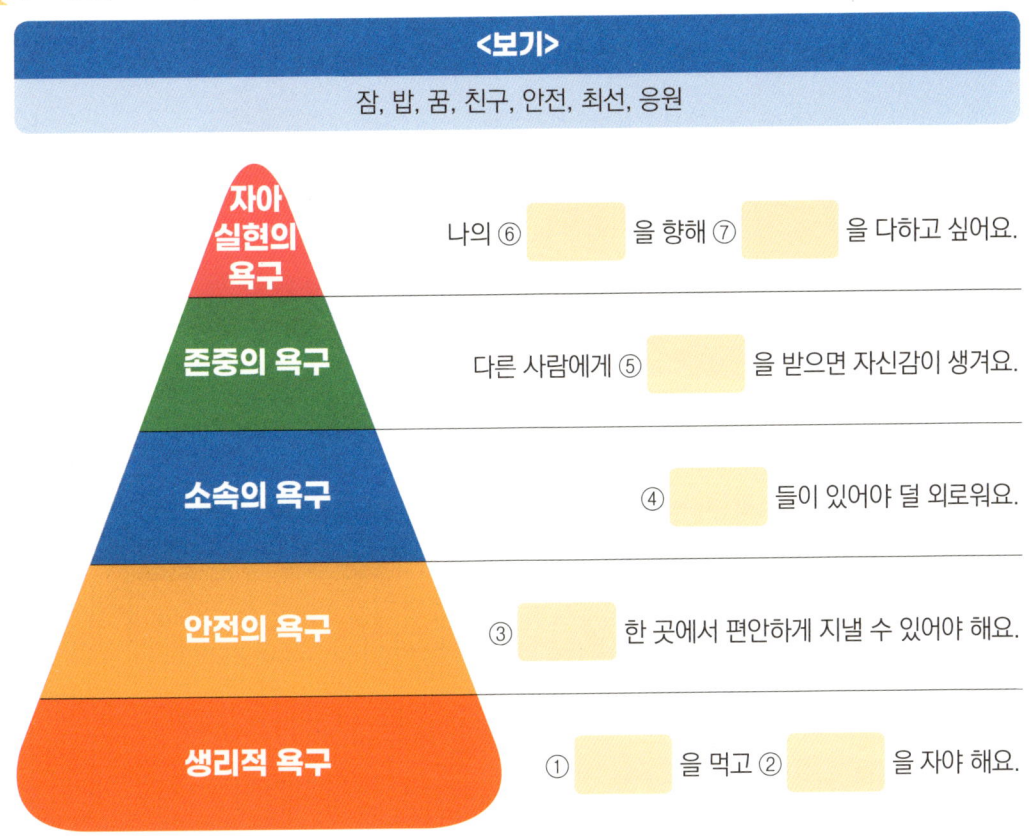

자아실현의 욕구 나의 ⑥ [　　] 을 향해 ⑦ [　　] 을 다하고 싶어요.

존중의 욕구 다른 사람에게 ⑤ [　　] 을 받으면 자신감이 생겨요.

소속의 욕구 ④ [　　] 들이 있어야 덜 외로워요.

안전의 욕구 ③ [　　] 한 곳에서 편안하게 지낼 수 있어야 해요.

생리적 욕구 ① [　　] 을 먹고 ② [　　] 을 자야 해요.

2 자아실현 버킷리스트를 써 보세요.

① 이루고 싶은 꿈은 무엇인가요?

② 이루기 위해서 어떤 노력을 하고 있나요?

③ 꿈을 이룬 나에게 하고 싶은 말은 무엇인가요?

챌린지 12

오늘의 미디어 **책 목차**

분석하기

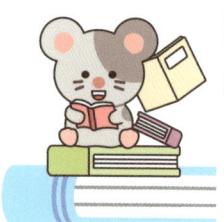

명심보감 밸런스 게임을 해 볼까?

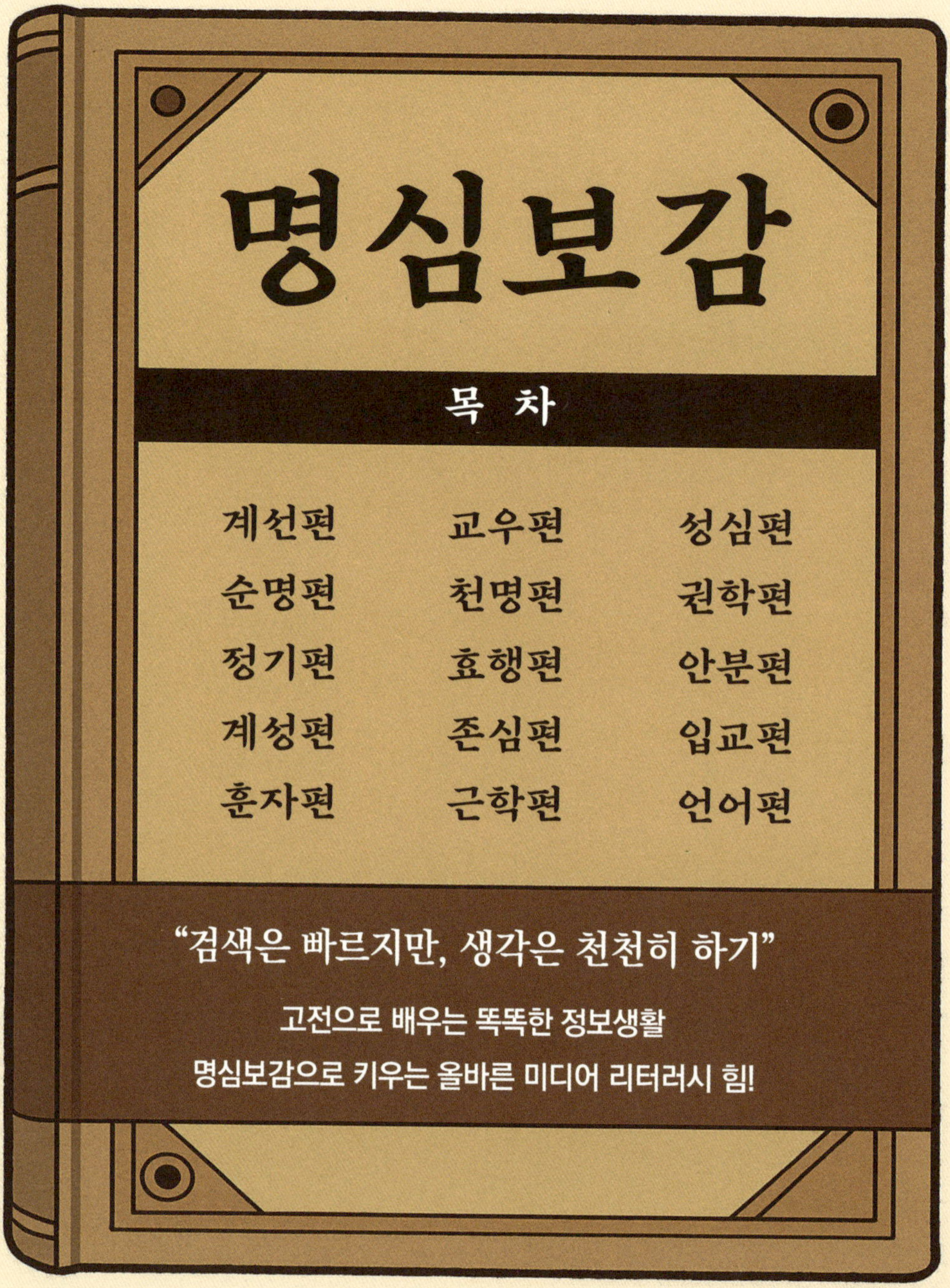

명심보감
목 차
계선편
교우편
성심편
순명편
천명편
권학편
정기편
효행편
안분편
계성편
존심편
입교편
훈자편
근학편
언어편
“검색은 빠르지만, 생각은 천천히 하기”
고전으로 배우는 똑똑한 정보생활
명심보감으로 키우는 올바른 미디어 리터러시 힘!

챌린지 활동

명심보감이란?

옛날 사람들이 우리에게 남겨 준 보물 같은 이야기를 모아 둔 책이에요.
우리의 마음을 밝게 만들어 주는 보물 같은 내용이 가득해서 책을 보는 것이
마치 거울을 들여다보고 나를 돌아보고 가다듬을 수 있게 해 주어요. 친구를
소중히 여기는 법, 어른께 효도하는 법, 공부를 열심히 하는 이유 등 삶에 도움이
되는 여러 가지 이야기를 읽고 성장해 볼까요?

1 명심보감 밸런스 게임을 시작해요. 미디어를 사용할 때 주로 어떤 방법을 사용하는지 질문을
읽고 선택해서 네모 안에 표시(V)해 보세요.

문즉위사(問則爲師) 묻는 자가 스승을 만든다.		
모르는 건 검색부터 한다.	VS	선생님이나 친구에게 직접 물어본다.

지피지기면 백전불태(知彼知己 百戰不殆) 적을 알고 나를 알면 백 번 싸워도 위태롭지 않다.		
정보는 많이 아는 게 중요하다.	VS	정보를 똑똑하게 보는 눈이 중요하다.

불문시비 란청인언 필초화환(不問是非 亂聽人言 必招禍患) 옳고 그름을 묻지 않고 함부로 남의 말을 들으면 반드시 화를 부른다.		
가장 위에 나오는 것부터 읽는다.	VS	출처가 믿을 만한 것부터 고른다.

2 명심보감의 띠지에 들어갈 내용을 만들고 꾸며 보세요.

* 띠지란? 책의 표지 위에 둘러져 있는 종이 띠를 말해요. 책의 주요 내용이나 추천하는 말, 수상 경력 등 책을 홍보하기
위한 정보를 글과 그림으로 돋보이게 표현해요.

누가 진짜 엄마일까?

한국십진분류법 200 종교

고대신문

'아기 소유권 분쟁'의 지혜로운 판결

200년 5월 8일 이채정 기자

[사회]"칼로 아기를 나눠라" 명령에 드러난 친모의 모성애

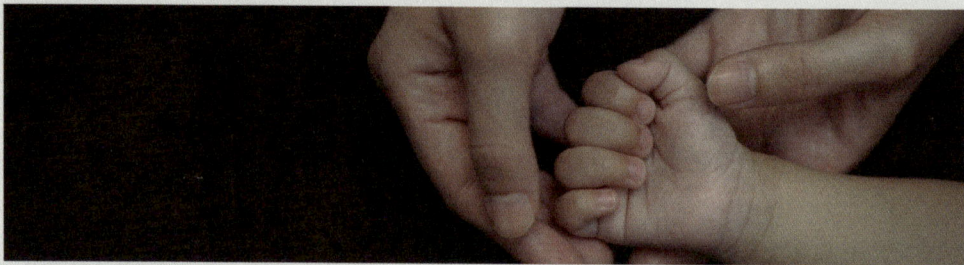

지난 3일, 이스라엘의 하엘리욘 법정에서 한 아기의 친어머니를 가리는 지혜로운 판결이 화제가 되고 있다. 밤사이 한 아기가 숨진 후, 살아남은 다른 아기를 두고 두 여인이 첨예하게 대립하는 사건이 벌어졌다.

사건은 예루살렘의 한 마을에서 이들의 다툼이 해결되지 않자, 가장 지혜로운 랍비에게 현명한 판결을 요청하면서 법정으로 오게 되었다. 사건 경위를 들은 랍비는 모두의 예상을 깨는 놀라운 명령을 내렸다.

랍비는 병사에게 "칼을 가져와라! 이 아기를 정확히 반으로 잘라 두 여인에게 공평하게 나누어 주어라!"라고 단호하게 지시했다. 법정 안의 모든 이들이 경악과 충격에 휩싸인 순간이었다.

놀라운 반전은 그다음에 일어났다. 아기를 반으로 나누라는 명령을 듣자마자 A씨는 울부짖으며 랍비에게 간절히 애원했다. "안 됩니다! 제발 저의 아기를 죽이지 말아 주십시오! 차라리 B씨에게 아기를 주십시오. 아기만 살려 주신다면 저는 괜찮습니다!"

그러나 B씨는 아무렇지 않다는 듯 대답했다. "좋습니다. 그렇게 하세요. A씨에게 아기를 빼앗기느니, 차라리 반으로 잘라 나눠 갖는 것이 낫습니다!"

이 모습을 지켜본 랍비는 고개를 끄덕이며 A씨를 가리켰다. "아기를 살리려 애원한 A씨가 아기의 진짜 엄마다. 모성애는 그 어떤 고통도 감수할 수 있으며, 친어미는 자식의 죽음을 두 눈 뜨고 볼 수 없는 법"이라고 선언했다.

결국 진짜 어머니인 A씨는 아기를 품에 안고 기쁨의 눈물을 흘렸으며, 법정 안의 모든 사람들은 랍비의 깊은 지혜에 감탄을 금치 못했다. 이 판결은 '솔로몬의 재판'을 떠올리게 하며 깊은 울림을 주었다.

 **챌린지 활동**

1 기사를 읽고 육하원칙(5W1H)에 맞게 내용을 정리해 보세요.

누가(Who)	등장인물은 누구인가요?

언제(When)	언제 일어난 일인가요?

어디서(Where)	사건이 일어난 장소는 어디인가요?

무엇을(What)	해결하려는 사건의 내용은 무엇인가요?

어떻게(How)	사건을 어떻게 해결했나요?

왜(Why)	랍비가 문제를 해결할 수 있었던 이유나 근거는 무엇인가요?

2 위의 내용을 바탕으로 기사를 요약해 보세요.

단군신화 속 진실을 찾아볼까?

우리도 사람이 되고 싶어요!

사람이 되고 싶다면 동굴에서 쑥과 마늘을 백 일 동안 먹거라.

배고파. 그래도 꾹 참아야지.

으아아.

난 참을 수 있어…….

힘들지만 난 할 수 있어. 조금만 더 참자.

드디어 사람이 됐어!

환웅은 웅녀와 결혼했습니다.

환웅과 웅녀 사이에서 단군왕검이 태어났습니다.

 **챌린지 활동**

1 웹툰을 보고 다음 내용을 사실과 의견으로 구분해서 써 보세요.

곰과 호랑이는 사람이 되고 싶어 한다.	
사람이 될 수 있는 기회를 얻은 곰과 호랑이는 기뻤다.	
곰과 호랑이는 쑥과 마늘을 받았다.	
곰과 호랑이는 동굴에서 쑥과 마늘을 먹었다.	
동굴에서 도망간 호랑이는 인내심이 부족하다.	
동굴에서 마늘과 쑥을 먹은 곰은 사람이 되었다.	
환웅은 웅녀에게 한눈에 반했다.	
환웅과 웅녀는 결혼했다.	
단군왕검은 뛰어난 리더십을 가지고 있다.	

2 단군신화는 우리나라(고조선)의 건국 신화예요. 삼국시대(고구려, 백제, 신라)에도 흥미로운 건국 신화가 있어요. 삼국시대 중 한 나라를 골라 건국 신화를 찾아보고 간단히 써 보세요.

삼국시대 ☐

신화 내용

음료 광고, 정말 믿어도 될까?

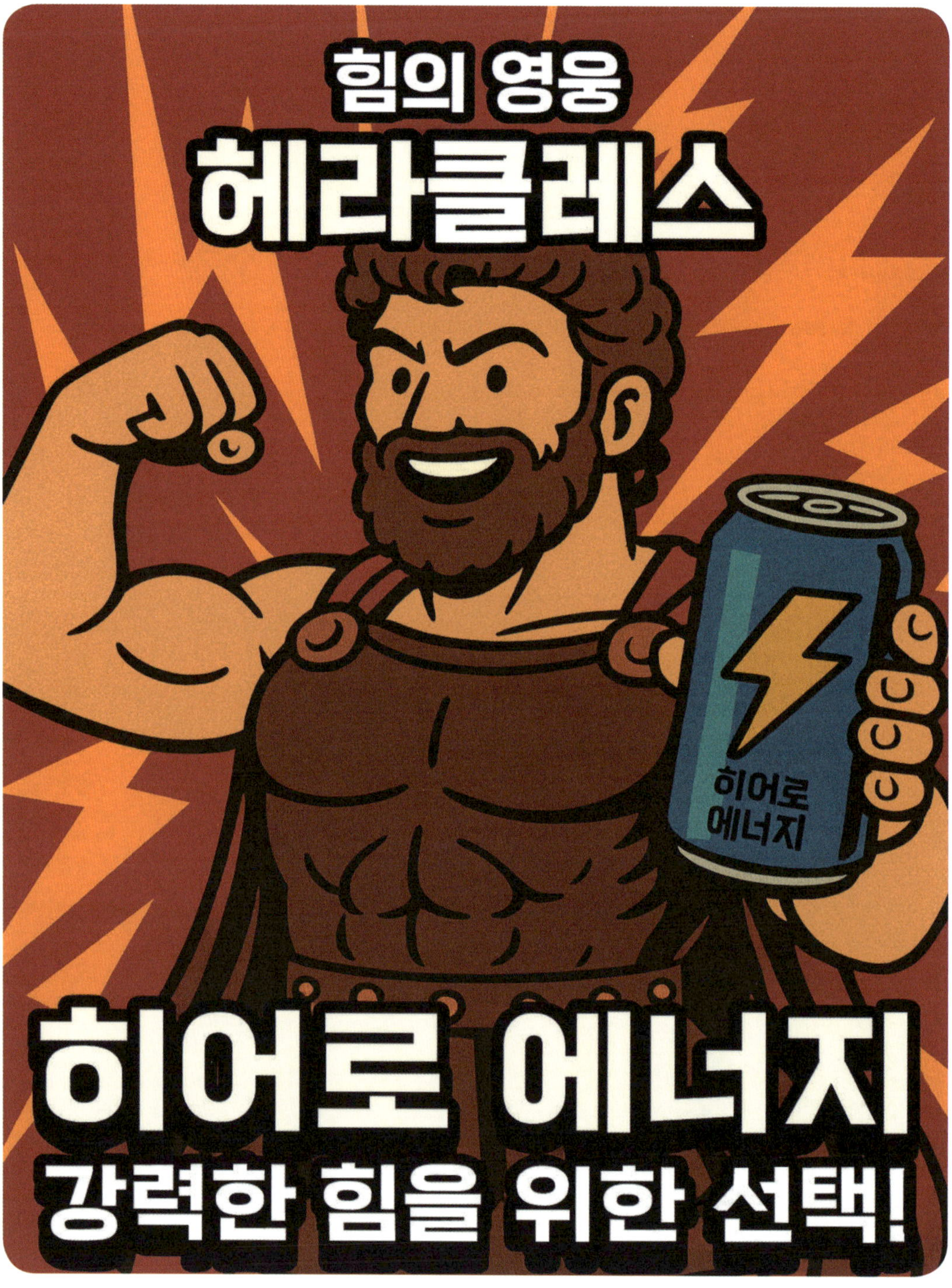

한국십진분류법 200 종교

챌린지 활동

1 광고 속 인물의 표정과 자세는 어떤 느낌을 주나요?

2 배경 색깔과 디자인은 어떤 분위기를 만들고 있나요?

3 그리스로마 신화 속 '헤라클레스'를 광고 모델로 쓴 이유는 무엇일까요?

4 광고 속 음료를 마시면 어떤 일이 생길 것처럼 느껴지나요?

5 실제로 광고 속 음료를 마시면 진짜 힘이 세질까요? 왜 그렇게 생각하나요?

6 이 광고에서 과장되거나 믿기 어려운 부분은 어떤 점인가요?

7 이 광고를 보고 누군가가 상품을 사게 된다면, 어떤 감정 때문일까요?

8 여러분도 광고를 보고 상품을 산 적이 있나요? 광고를 보고 상품을 산 경험을 써 보세요.

신들의 대화는 어떨까?

천상의 기록에 따르면, 인간 세상에 태어나는 아이 수가 해마다 줄고 있다는구나. 어찌 된 일이냐?

 맞사옵니다. 갈수록 혼인하는 인연이 줄고 있사옵니다.

 혼인하는 인연이 줄어드니 새로 태어나는 생명도 드물어졌습니다.

 혼인하는 사람이 줄어드니 가족이 둘러앉아 밥을 먹는 일도 줄어들고 있습니다.

어찌 좋은 방법이 없겠느냐?

 농사가 잘 되어야 가정을 이룰 수 있지요.

 마음 놓고 쉴 수 있는 집이 있어야 아이도 기를 수 있지요.

그렇구나. 얼른 성주신과 자청비에게 알려 방도를 찾으라고 하여라.

챌린지 활동

1 신들의 대화를 읽고 해당 신의 이름과 하는 일을 연결해 보세요.

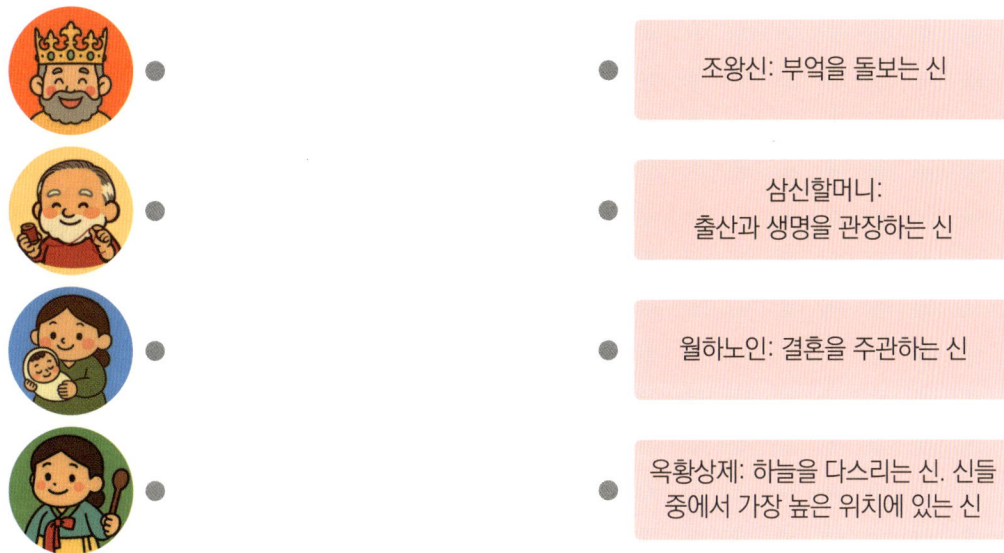

조왕신: 부엌을 돌보는 신

삼신할머니:
출산과 생명을 관장하는 신

월하노인: 결혼을 주관하는 신

옥황상제: 하늘을 다스리는 신. 신들
중에서 가장 높은 위치에 있는 신

2 1번에서 연결한 신의 이름과 그림을 짝지은 이유를 써 보세요.

신	이유
옥황상제	
월하노인	
삼신할머니	
조왕신	

3 신들의 대화를 읽고 알 수 있는 정보는 O, 알 수 없는 정보는 X로 표시하세요.

태어나는 아기의 수가 줄고 있다.	
혼인 수가 늘어나고 있다.	
옥황상제는 낮은 출산율을 해결할 방법을 찾고 있다.	
낮은 출산율을 높이는 방법은 한 가지 문제만 해결하면 된다.	

나만 좋으면 될까?

영상 1

영상 2

욕심쟁이 수연이

수연이는 학교에서 책을 가장 많이 읽는 학생으로 유명해요. 교실에서는 물론이고, 운동장에서도 책을 읽을 때가 많아요. 그러다 보니 수연이는 선생님께 칭찬도 자주 받아요.

어느 날, 도서관에 새 책이 들어왔어요. 수연이는 얼른 밥을 먹고 제일 먼저 도서관에 갔어요. 새 책을 본 수연이는 재미있어 보이는 책을 한가득 들고 자리에 앉았어요. 그러고는 시간 가는 줄 모르고 책을 읽었어요.

뒤늦게 점심을 먹은 지유도 도서관에 왔어요. 새 책 코너를 한참 살피던 지유는 자신이 찾던 책이 없어서 속상했어요. 어쩔 수 없이 다른 책을 들고 자리에 앉으려는데 자신이 찾던 책이 수연이 옆에 놓여 있었어요. 수연이가 보려고 쌓아 둔 거였어요. 한참을 고민하던 지유는 수연이에게 말을 걸었어요.
"수연아, 이 책 지금 안 보면 나 먼저 보면 안 돼? 이 책 정말 많이 기다렸거든."

수연은 그 말을 듣자마자 고민도 하지 않고,

"안 돼, 이 책 다 보고 바로 볼 거야."
"금방, 읽고 줄게."
"싫어. 그럼 너도 빨리 급식 먹고 오지 그랬어?"

지유는 더 이상 할 말이 없었어요. 그래서 어쩔 수 없이 다른 책을 빌려 교실로 갔어요.

챌린지 활동

1 영상과 글의 공통 주제로 가장 적절한 것을 〈보기〉에서 찾아 동그라미(O) 하세요.

<보기>
배려   욕심   질서   양보   효도   인사

2 다른 사람을 돕거나, 도움을 받은 적이 있다면 그 경험을 적고, 그때의 마음을 써 보세요.

3 공공장소인 학교도서관에서 친구들이 공공예절을 지키지 않고 자기 마음대로 한다면 어떤 일이 일어날지 상상하여 글을 써 보세요.

챌린지 18

오늘의 미디어 인포그래픽

분석하기 & 생산하기

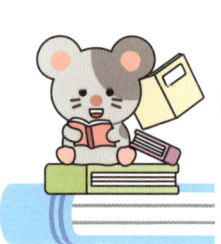

왜 방금 외운 영어단어가 기억나지 않을까?

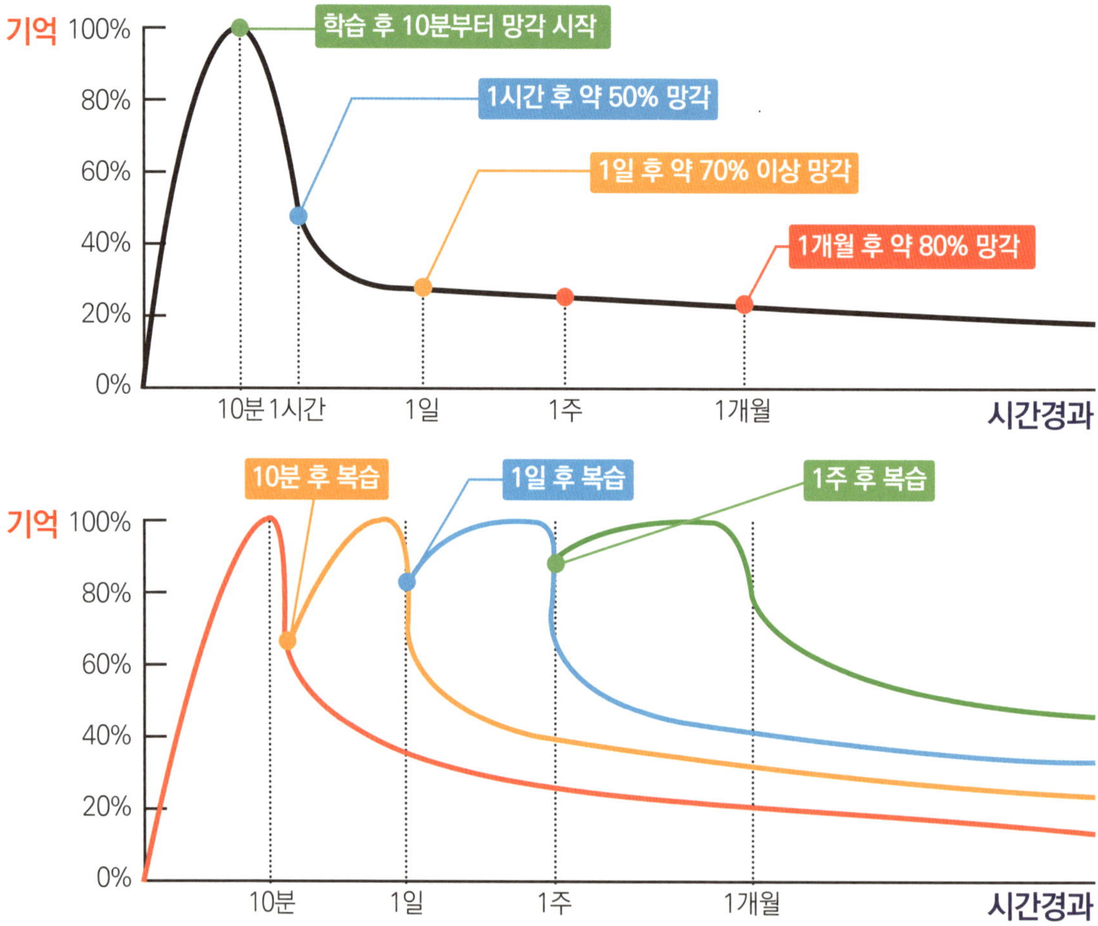

기억
100%
80%
60%
40%
20%
0%
학습 후 10분부터 망각 시작
1시간 후 약 50% 망각
1일 후 약 70% 이상 망각
1개월 후 약 80% 망각
10분
1시간
1일
1주
1개월
시간경과
10분 후 복습
1일 후 복습
1주 후 복습
기억
100%
80%
60%
40%
20%
0%
10분
1일
1주
1개월
시간경과

<에빙하우스 망각 곡선과 복습 주기>

성균관의 공부비법

1. 백독백습(百讀百習): 세종대왕의 공부법으로도 유명한 '백독백습'은 성균관 유생들에게 중요한 공부법이었어요. 이는 한 권의 책을 백 번 읽고, 백 번 쓰는 것을 의미해요. 단순히 눈으로 읽는 것을 넘어 소리 내어 읽고(낭독), 내용을 따라 쓰며(필사), 완전히 자신의 것으로 소화하는 것을 목표로 했어요.

2. 정기시험: 성균관에서는 '일고', '순고', '월고', '연고'라는 네 번의 정기 시험이 있었어요. 하루, 열흘, 한 달, 일 년 단위로 치른 시험으로 총 4번 배운 것을 시험침으로써 반복학습하게 했어요.

챌린지 활동

1 그래프에 따르면 학습 1시간 후 기억은 얼마나 남아 있나요?

①10%　　②30%　　③50%　　④70%

2 공부한 내용을 금방 잊어버린 경험이 있는지 써 보세요.

3 공부한 것을 오래 기억하려면 어떻게 하면 좋을지 써 보세요.

4 내가 학습할 과목을 선택하여 3일 공부 계획을 세워 보세요.

과목	일	내용
	1일차	
	2일차	
	3일차	

용돈 계획을 세워 볼까?

초등 학부모 58.9% "자녀의 경제관념 형성 목적으로 용돈 지급"

영상

용돈 지급 목적

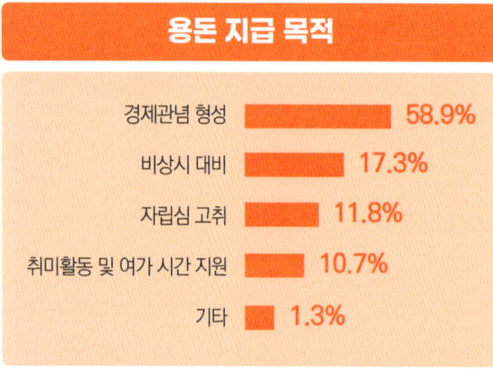

경제관념 형성	58.9%
비상시 대비	17.3%
자립심 고취	11.8%
취미활동 및 여가 시간 지원	10.7%
기타	1.3%

용돈 지급 시기

초등 3~4학년	39.2%
초등 5~6학년	22.5%
초등 1~2학년	19.9%
중학교 이후	13.6%
초등학교 입학 전	4.8%

적정 용돈 금액

5천 원 이상 1만 원 미만	27.4%
1만 원 이상 2만 원 미만	23.9%
2만 원 이상 3만 원 미만	19.2%
5천 원 미만	15.1
3만 원 이상 5만 원 미만	10.5%
5만 원 이상	3.9%

용돈 교육 효과 인식

그렇다	43.1%
매우 그렇다	37.9%
보통이다	16.9%
그렇지 않다	1.7%
전혀 그렇지 않다	0.4%

 **챌린지 활동**

1 부모님이 자녀의 용돈을 주는 가장 큰 목적은 무엇인가요?

① 자립심을 키우기 위해서

② 경제관념을 형성해 주기 위해서

③ 취미활동 및 여가 시간을 지원하기 위해서

④ 급하게 돈이 필요한 상황이 생길 수 있어서

2 첫 용돈 지급 시기로 가장 많이 선택되는 학년은 언제인가요?

① 초등학교 입학 전

② 초등 1~2학년

③ 초등 3~4학년

④ 초등 5~6학년

3 여러분이 용돈을 가장 많이 쓰는 3곳에 표시(V)해 보세요.

음식(음식점, 카페, 간식 등)		문구류·장난감·소품	
저축·투자		여가·오락활동	
게임		기부		기타( )

4 나에게 10만 원이 생긴다면 그 돈을 어떻게 쓰고 싶은지 인포그래픽으로 표현해 봅시다.

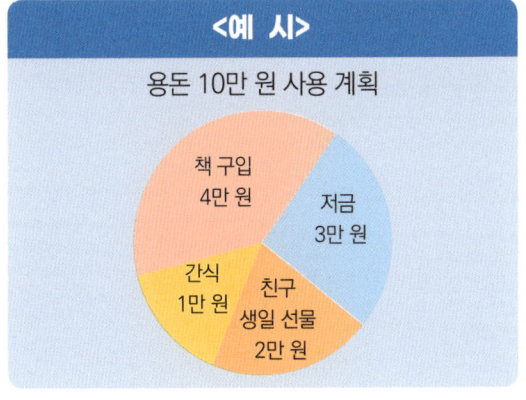

<예 시>

용돈 10만 원 사용 계획

책 구입 4만 원 / 저금 3만 원 / 간식 1만 원 / 친구 생일 선물 2만 원

나에게 맞는 직업은 뭘까?

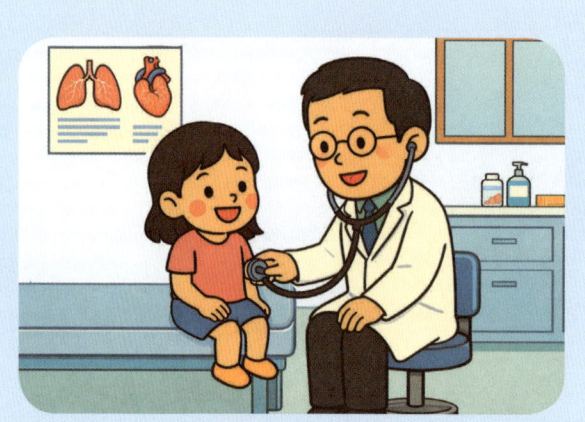

워크넷 누리집

홀랜드의 직업성격 유형

- **현실형(Realistic):** 실제적인 활동, 손으로 만드는 것, 기계를 다루는 것, 야외 활동을 좋아함.
  직업: 기술자, 요리사, 운동선수, 농부, 경찰관, 소방관

- **탐구형(Investigative):** 탐구하고 분석하며 문제를 해결하는 것을 좋아함. 호기심이 많고 논리적임.
  직업: 과학자, 연구원, 의사, 프로그래머, 심리학자

- **예술형(Artistic):** 창의적이고 자유로운 표현을 좋아함. 감성적이고 독창적임.
  직업: 화가, 음악가, 작가, 디자이너, 배우, 사진작가

- **사회형(Social):** 다른 사람을 돕고 가르치며 관계 맺는 것을 좋아함. 친절하고 이해심 많음.
  직업: 교사, 상담사, 사회복지사, 간호사, 승무원

- **진취형(Enterprising):** 목표를 세우고 사람들을 이끌며 설득하는 것을 좋아함. 리더십이 강하고 활동적임.
  직업: 사업가, 정치인, 변호사, 영업사원, 아나운서

- **관습형(Conventional):** 조직적이고 규칙적이며 꼼꼼한 작업을 좋아함. 정확하고 책임감이 강함.
  직업: 공무원, 회계사, 사서, 은행원, 사무직

챌린지 활동

1 QR코드를 이용하여 워크넷에서 자신의 추천 직업을 탐색해 보세요.

① 나는 (   ) 유형이에요.

② 추천 직업 중에서 관심 있는 직업을 3가지 써 보세요.

2 질문을 읽고 2가지 중에서 나와 더 가까운 쪽에 체크(V) 표시해 보세요.

1. 시간이 있을 때 더 하고 싶은 것은?

| 나만의 물건 만들기(현실형) | VS | 친구랑 이야기하기(사회형) |

2. 무엇을 배울 때는?

| 혼자 책 읽거나 검색해 보기(탐구형) | VS | 직접 해 보면서 배우기(현실형) |

3. 글쓰기 시간에 쓰고 싶은 것은?

| 이야기 지어내기(예술형) | VS | 뉴스처럼 사실 쓰기(관습형) |

4. 방 꾸미기 할 때는?

| 색깔, 스타일에 신경 쓰기(예술형) | VS | 위치 정리와 깔끔하게 하기(관습형) |

5. 모둠활동 할 때 나는?

| 아이디어를 내기(진취형) | VS | 조용히 정리하고 기록하기(관습형) |

6. 친구에게 칭찬받는다면?

| 그림 잘 그린다고!(예술형) | VS | 리더십이 있다고!(진취형) |

7. 수업 중 더 재미있는 건?

| 과학 실험(탐구형) | VS | 연극 활동(예술형) |

8. 학교에서 좋아하는 공간은?

| 운동장(현실형) | VS | 도서관(탐구형) |

동물은 어떻게 나눌 수 있을까?

알면 알수록 재미있는 동물의 세계

(한정글 지음)

세상에는 정말 다양한 동물들이 있죠. 이 동물들은 비슷한 특징끼리 묶어 나눌 수 있답니다.

먼저, 동물은 크게 두 가지로 나눌 수 있어요. 바로 뼈가 있는 동물(척추동물)과 뼈가 없는 동물(무척추동물)이에요.

척추동물은 등에 뼈, 즉 척추가 있는 동물이에요. 우리 사람도 척추동물입니다. 척추동물은 또 다섯 가지로 나눌 수 있어요.

첫 번째는 어류입니다. 물고기는 물속에서 살면서 아가미로 숨을 쉬죠. 두 번째는 양서류인데, 개구리처럼 어릴 때는 물속에서 살고, 자라서는 땅 위에서도 살 수 있는 동물이죠. 세 번째는 파충류예요. 뱀이나 도마뱀처럼 비늘이 있고 알을 낳죠. 네 번째는 조류, 즉 깃털이 있고 날개로 날 수 있으며, 알을 낳는 새랍니다. 마지막 다섯 번째는 포유류예요. 포유류는 새끼를 낳고 젖을 먹여요. 사람, 고양이, 사자 등 대부분의 동물이 여기에 속하죠.

무척추동물은 등에 뼈가 없는 동물입니다. 첫째, 연체류는 달팽이나 오징어처럼 몸이 말랑말랑합니다. 둘째로 개미, 거미, 새우 등과 같이 다리가 여러 개 있고 딱딱한 껍질로 자신의 몸을 보호하는 절지류랍니다.

이렇게 동물은 뼈가 있는지 없는지를 기준으로 나누어지고, 그 안에서 더 세밀하게 분류할 수 있답니다.

1 글을 읽고 다음에 나오는 그래픽 조직자에 내용을 정리해 보세요.

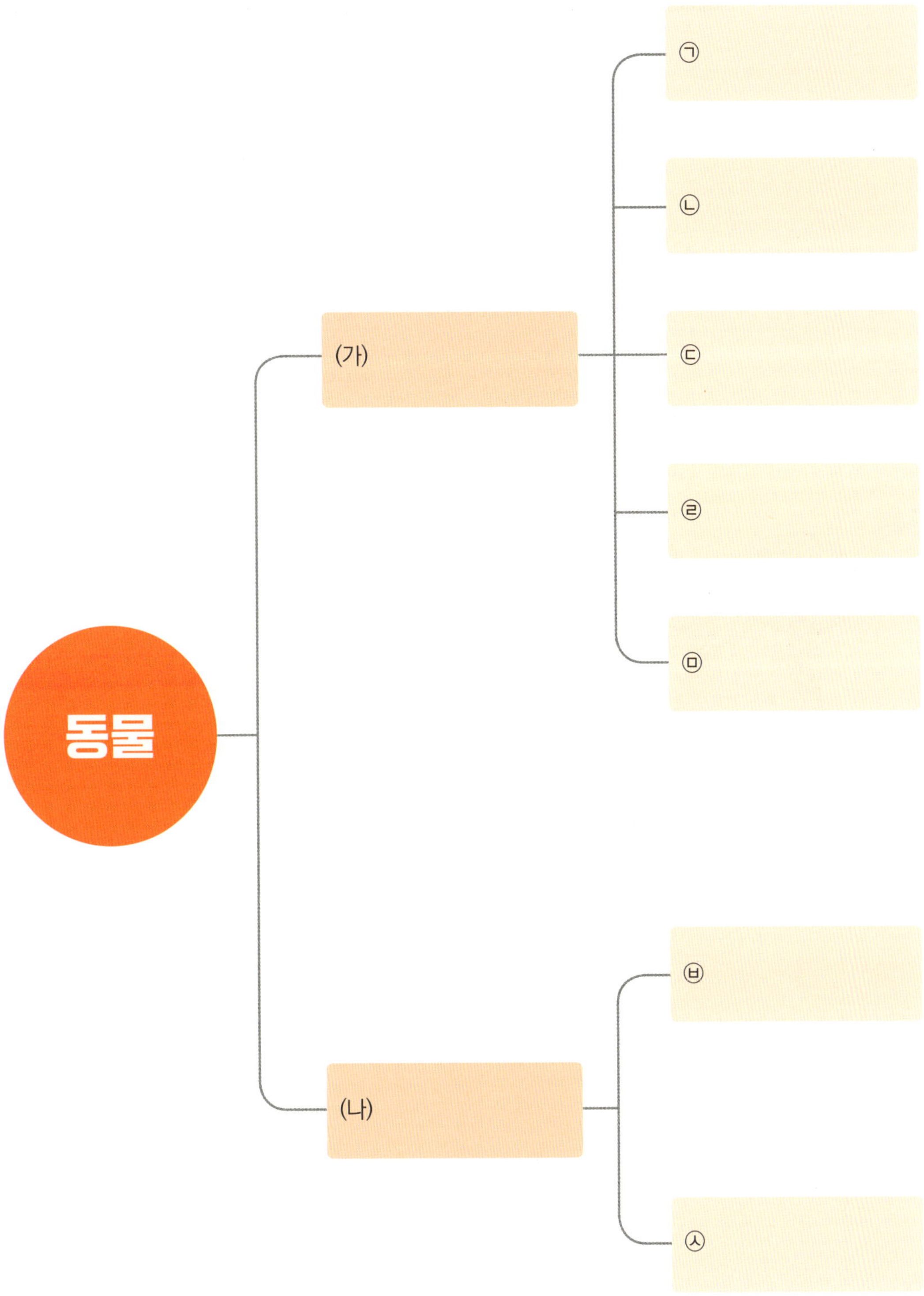

동물

(가)

ㄱ

ㄴ

ㄷ

ㄹ

ㅁ

(나)

ㅂ

ㅅ

검색해 보자! 생명과학

<검색 도구(기호)>

기호	사용법	설명	예시
" "(따옴표)	"낱말"	정확히 낱말 찾기	"다육이 키우는 방법"
-(빼기)	낱말 -찾기 싫은 낱말	찾고 싶지 않은 낱말 빼고 찾기	동물 ∨ -사자
OR	낱말1 OR 낱말2	낱말1 이거나 낱말2 (둘 중 하나만 찾아도 됨)	멜론 OR 수박
AND	낱말1 AND 낱말2	두 낱말 모두 포함하여 찾기	봄 AND 여름

★ '-(빼기)'의 경우 찾을 낱말 뒤에는 한 칸 띄우고, '-'를 입력하고 바로 붙여서 찾기 싫은 낱말을 입력해요.

한국십진분류법 400자연과학

챌린지 활동

이번 달에 과학 교과서 3, 4단원을 공부할 거예요.
3, 4단원은 생명과학에 대한 내용이에요. 교과서 목차를 보고
친구들에게 소개하고 싶은 한 단원을 골라서 검색해 봅시다.
검색도구(기호)표를 활용해서 아래 문제를 해결해 보세요.

1 내가 선택한 단원은 무엇인가요?

2 검색하고 싶은 검색어(낱말)를 생각나는 대로 나열해 보세요.

3 검색어를 검색도구(기호)를 사용하여 표현해 보세요.

4 직접 찾은 결과 중 알게 된 점 한 가지를 써 보세요.

우주, 어디까지 알고 있니?

궁금해요! 신비한 우주의 세계

'하늘에 있는 별은 어떻게 떠 있는 것일까?', '지구 말고도 생명체가 있는 곳이 있을까?' 이런 궁금증을 한 번쯤 가져 본 적 있나요? 오늘은 우리와 아주 멀리 떨어져 있기도 하고 가깝기도 한 우주에 대해 알아보려고 합니다.

우주의 가족, 태양계!

우주는 무한하게 넓은 공간이에요. 그 안에는 수많은 별, 행성, 은하, 우리가 사는 지구도 있죠. 그중에서도 우리가 살고 있는 지구는 '태양계'라는 가족 속에 있어요. 태양을 중심으로 8개의 행성이 돌고 있죠. 수성, 금성, 지구, 화성, 목성, 토성, 천왕성, 해왕성이 그 8개의 행성이랍니다. 각 행성은 크기도 다르고 생김새도 달라요. 고리가 있기도 하고, 가스나 얼음으로 뒤덮여 있기도 합니다.

지구의 친구, 달

지구에는 아주 특별한 친구 달이 있습니다. 달은 지구 주위를 돌고 있는 위성이랍니다. 달의 모양은 늘 바뀌죠? 달이 지구를 돌면서 햇빛을 받는 부분이 달라지기 때문이랍니다!

밤하늘의 주인공, 별과 별자리

밤에 하늘을 올려다보면 무수히 많은 별들이 보여요. 사실 이 별들도 모두 태양처럼 스스로 빛을 내는 불덩이예요. 아주 멀리 떨어져 있기 때문에 작아 보인답니다. 별들이 모여 만든 것을 '별자리'라고 해요. 사자자리, 북두칠성 등 옛날 사람들은 별자리를 보고 계절이나 방향을 알아내기도 했답니다.

별들의 마을, 은하

우주에 별들이 엄청나게 많이 모여 사는 곳이 있어요. 그것을 바로 '은하'라고 해요. 우리가 있는 은하는 은하수라고 부르죠. 망원경으로 우주를 보면 은하가 수천억 개나 있다는 것도 알 수 있답니다.

우주 탐사와 여행, 어디까지 갔을까?

사람들은 오랫동안 우주를 궁금해했어요. 직접 알아보기 위해 로켓, 우주선, 인공위성 등을 만들어 우주로 보내기 시작했죠. 가장 유명한 이야기 중 하나는, 1969년 닐 암스트롱이 달에 첫발을 디딘 사건이에요. 요즘엔 화성 탐사, 우주 정거장 생활, 우주 관광도 현실이 되고 있어요!

〈호기심 톡talk!〉 어린이 과학 잡지 6월호(글: 어린이 기자 이수성)

과학 잡지의 우주에 대한 기사를 읽고 우주에 대해 친구들에게 짧은 영상으로 소개하려고 해요. 위의 내용에서 한 주제를 골라(행성, 달, 별자리, 은하, 우주탐사 중 하나) 마인드맵에 내가 알고 있는 배경지식을 펼쳐 본 후 30초 분량의 shorts를 만들어 보세요.

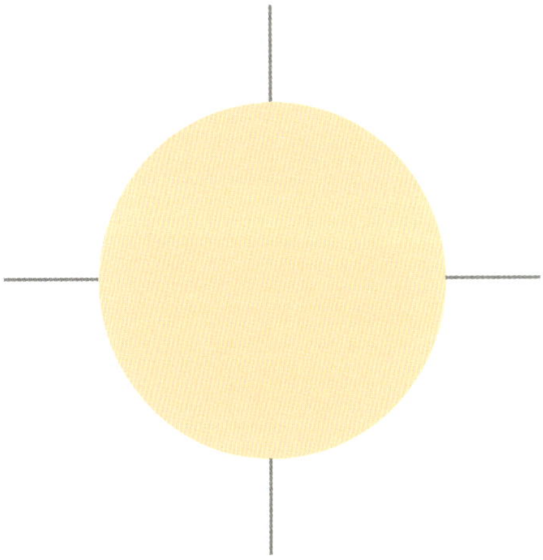

한국 십진 분류법 400 자연 과학

국립수목원으로 떠나 볼까?

국립수목원은 행정구역으로는 경기도 포천시 소흘읍 직동리, 지리적으로는 중앙에는 소리봉(해발 536.8m), 남단에는 천점산(해발 392m), 서쪽에는 용암산(해발 479.6m)이 주봉으로 광릉숲의 한가운데 동향으로 자리 잡고 있다.

전문전시원의 경우 1984년부터 조성하기 시작하여 1987년에 완공되었으며, 식물의 용도, 분류학적 특성 또는 생육* 특성에 따라 수생식물원, 식·약용식물원 등 24개의 전문전시원이 조성되어 있다. 총 102ha의 면적에 3,873종류의 식물을 식재*하여 일반 방문객은 물론 식물전공 학생과 전문가들에게 현장학습 장소로 활용되고 있다.

전문전시원은 관상 가치가 높은 나무를 모아 배치한 관상수원, 꽃이 아름다운 나무를 모아 전시한 화목원, 습지에 생육하는 식물을 모아 놓은 습지식물원 이외에도 수생식물원, 식·약용식물원, 희귀·특산식물 보존원, 소리정원, 덩굴식물원, 손으로 보는 식물원, 난대식물 온실 등으로 구성되어 있다.

1987년 4월 5일 개관한 산림박물관은 우리나라 산림과 임업의 역사와 현황, 미래를 설명하는 각종 임업사료와 유물, 목제품 등 4,900점에 이르는 자료들이 전시되어 있다. 2003년도에 완공된 산림생물표본관은 국내외 식물 및 곤충표본, 야생동물 표본, 식물종자 등 116만 점 이상이 체계적으로 저장, 관리되고 있으며, 2008년도에 완공된 열대식물자원연구센터는 족보가 있는 열대식물 2,703여 종이 심겨 있어 연구에 활용되고 있다.

– 국립수목원 홈페이지(기관소개 – 국립수목원 소개 – 수목원현황 중)

*생육: 생물이 나서 길러짐 / *식재: 초목을 심어 재배함

챌린지 활동

친구들과 국립수목원에 견학을 가려고 해요. 계획서를 온라인에 게시하여 견학 계획을 함께 세울 예정이에요. 누리집을 참고하여 아래 계획서를 완성해 보세요.

국립수목원 견학 계획서		
위치(주소)		
휴원일		
이용 시간	여름 기간(하절기)	
	겨울 기간(동절기)	
수목원 안에서 가 보고 싶은 곳		수목원 안내도와 각 전시원, 시설, 산림박물관에 대한 상세한 소개를 참고하기
수목원에서 직접 보고 싶은 식물		

기후위기는 어떻게 극복할 수 있을까?

[지구ON] 기후적응을 위한 우리 모두의 노력! 같이 공유해 볼까요?

- **이상기후가 뭐예요?**

  이상기후란 우리가 평소에 알고 있는 날씨와 아주 다르게 나타나는 기후를 말해요. 예를 들어 겨울인데 너무 더운 날이 계속되거나, 비가 거의 잘 오지 않는 계절에 폭우가 쏟아지거나, 아주 강한 태풍이나 폭염이 자주 나타나는 것을 말해요. 이런 날씨는 평소와 너무 달라 이상하다고 해서 이상기후라고 불러요.

- **왜 이상기후가 생길까요?**

  가장 큰 이유는 바로 지구 온난화 때문이에요. 자동차, 공장, 비행기 등에서는 이산화탄소 같은 온실가스가 많이 나와요. 이 가스들이 공기 속에 쌓여 지구의 열이 빠져나가지 못하게 막아 지구가 점점 더워지고, 기후는 변하게 돼요.

- **이상기후에는 어떤 것들이 있을까요?**

  폭염, 가뭄, 홍수 그리고 강한 태풍이나 눈 폭풍도 이상기후일 수 있어요.

- **기후에 어떻게 적응하나요?**

  기후적응은 기후가 변해도 잘 살 수 있도록 사람, 동물, 식물 등이 변화에 맞춰 준비하고 바꾸는 것을 말해요. 쉽게 말하면, 달라진 날씨에 맞게 적응하는 것이죠. 예를 들어 여름이 너무 더워졌다면 우리는 얇은 옷을 입고, 그늘을 만들고, 에어컨을 쓰면서 더위에 적응해요. 비가 너무 많이 온다면 물이 잘 빠지도록 도로를 만들고, 물을 저장하는 저수지를 만들어요. 농작물이 예전처럼 잘 안 자란다면 더운 날씨에 잘 자라는 작물로 바꾸는 것도 기후에 적응하는 활동으로 볼 수 있어요.

- **왜 기후적응이 필요할까요?**

  이상기후 때문에 너무 덥고, 비도 많이 오는데, 그 변화에 맞게 준비하지 않으면 사람들은 살기 힘들고, 생태계도 위험해질 거예요. 우리가 변화하는 이 지구에서 계속 잘 살기 위해 반드시 필요하다고 볼 수 있죠.

 **챌린지 활동**

 QR코드로 들어가서 영상을 시청하고 문제를 풀어 보세요.

1 온실가스 감축률(%)에 따라 포인트를 발급하고 인센티브(현금)를 지급하는 범시민 온실가스 감축 실천 운동을 무엇이라고 하나요?

① 탄소포인트적립제
② 탄소중립포인트제
③ 탄소감축포인트제
④ 탄소인센티브제

2 2015년 12월에 200여 개 국가가 파리 기후변화 협정에서 지구의 평균 온도를  ˚C 이상으로 높이지 않도록 노력하자고 약속했어요.

3 동영상에서 설명하는 기후적응 관련 용어를 넣어 기후위기 극복 방법에 대해 설명하는 글을 써 보세요.

요리책을 만들어 볼까?

다가오는 동생 생일에 동생이 좋아하는 탕수육을 만들어 주려고 해.
웹사이트에서 탕수육 만드는 방법을 소개한 게시글을 찾게 되었어.
하지만 줄글로 표현되어 있어서 한눈에 들어오지 않고 이해하기가 쉽지 않았어.
그래서 필요한 재료와 만드는 방법을 정리해 보려고 해.

탕수육은 바삭한 고기튀김에 새콤달콤한 소스를 뿌려 먹는 중국요리입니다. 먼저 돼지고기(보통 등심)를 먹기 좋은 크기로 썰고, 소금과 후추로 밑간을 해 잠시 재워 둡니다. 그다음 감자전분과 물을 섞어 반죽을 만들고, 고기를 그 반죽에 골고루 묻혀 줍니다. 팬에 기름을 넉넉히 두르고 중불에서 고기를 튀기는데, 두 번 튀기면 더 바삭해집니다. 첫 번째는 고기 속까지 익히기 위해 튀기고, 두 번째는 겉을 바삭하게 만들기 위해 짧게 튀깁니다.

소스는 팬에 물, 식초, 설탕, 간장, 케첩을 넣고 끓이다가 양파, 당근, 오이 등 준비한 채소를 넣어 만듭니다. 마지막으로 전분물을 조금씩 넣어 농도를 맞추면 탕수육 소스가 완성됩니다. 접시에 튀긴 고기를 담고 그 위에 뜨거운 소스를 부어 내면 맛있는 탕수육이 완성됩니다. 바삭한 고기와 새콤달콤한 소스의 조화가 아주 맛있습니다.

재료와 요리 순서를
글로 표현해 볼까요?

바삭하고 새콤한 탕수육 레시피

필요한 재료

탕수육을 맛있게 만드는 순서

1	2	3

4	5	6

한국십진분류법 500 기술과학

챌린지 27
오늘의 미디어 **신문**

분석하기

우리가 몰랐던 드론의 또 다른 얼굴은?

한국십진분류법 500 기술과학

[사회] 드론 확산의 뒷면, 편리함 속에 숨은 어두운 그림자

2025년 6월 23일, 서울 | 기자 김하늘

최근 드론이 물류, 방송, 재난 구조, 농업 등 다양한 분야에서 활용되며 우리의 삶을 크게 변화시키고 있다. 그러나 이러한 기술 발전에는 여러 가지 문제점과 우려*도 함께 존재한다. 무엇보다 가장 큰 우려는 사생활 침해다. 고성능 카메라를 장착한 드론이 개인의 집이나 사적인 공간을 촬영한다면 심각한 개인정보 유출로 이어질 수 있다. 일부 드론이 몰래카메라 범죄에 악용*되는 사례도 있어 시민들의 불안이 커지고 있다.

안전 문제 역시 심각하다. 최근 몇 년간 드론이 추락해 차량이나 사람을 다치게 한 사건이 여러 건 있었다. 특히 공항 인근에서의 비행은 항공기와의 충돌 위험을 키워 대형 사고로 이어질 수 있어, 정부는 드론 비행 제한 구역을 확대하고 있다.

또한 드론은 배터리 수명이 짧아 장시간 비행이 어렵고, 기술적 오류나 전파 간섭에 따른 통제 불능 사태도 발생할 수 있다. 이에 따라 전문가들은 보다 정교한 안전 시스템과 관리 체계 마련이 필요하다고 지적한다.

법적·제도적 문제도 여전하다. 국내외에서 드론 관련 법규가 점차 정비되고 있지만, 사용자 대부분이 규정을 숙지*하지 못한 채 비행하는 경우가 많다. 무허가 비행, 고도 제한 위반 등의 사례가 꾸준히 늘고 있다.

이 밖에도 드론은 심한 소음을 유발해 도심이나 자연 지역에서 소음 공해 문제를 일으킬 수 있으며, 해킹 등 사이버 보안 위협도 배제*할 수 없다.

기술의 발전은 언제나 빛과 그림자를 동반한다. 드론이 안전하고 건전한 방식으로 활용되기 위해서는 시민의 인식을 제고*하고 철저한 법적 관리와 기술적 보완*이 무엇보다 시급하다*는 지적이 나온다.

*우려: 근심하거나 걱정함.
*악용: 알맞지 않게 쓰거나 나쁜 일에 씀.
*숙지: 익숙하게 충분히 앎.
*배제: 받아들이지 아니하고 물리쳐 제외함.
*제고: 수준이나 정도 따위를 끌어 올림.
*보완: 모자라거나 부족한 것을 보충하여 완전하게 함.
*시급하다: 시각을 다툴 만큼 몹시 절박하고 다급하다.

챌린지 활동

1 기사를 쓴 기자 이름은 무엇인가요?

2 '무엇'의 단점에 대한 기사인가요?

3 기사에서 나열된 단점 중 다섯 가지를 써 보세요.

①

②

③

④

⑤

4 기사에서 소개된 기술처럼 편리함을 주지만 문제점이 공존하는 여러 기술(기기)의 장단점을 써 보세요.

기술(기기)	장점	단점
스마트폰		
전자책		
무선 이어폰		

5 기사에서 소개된 문제점을 온라인에서 실제 사례를 찾아 다음의 내용을 써 보세요.

기사 제목:

기자 이름:

언론사 이름:

항생제, 약일까? 독일까?

24.11.15.   질병관리청

항생제의 효과가 듣지 않는 항생제 내성.
항생제 오남용으로
인해 생길 수 있습니다.

✓ 세계적인 항생제 오남용, 얼마나 되나요?

<코로나19 팬데믹 기간('20.1월~'23.3월)>

항생제가 **필요한** 상황	항생제가 **처방된** 상황
8%	75%

* 자료원 : 세계보건기구(WHO) 보도자료(2024)

✓ 이대로 계속되면 어떻게 되나요?

2050년에는 항생제 내성균 감염으로
연간 1,000만 명 사망[1)]

※ (참고) 2020~2022년 세계 코로나19 누적 사망자수 약 670만명[2)]

* 자료원 : 1) Review on Antimicrobial Resistance(2014)
2) our world in data(2020~2022)

항생제 사용!
이것만은 꼭 기억해요!

<항생제 내성 예방수칙>

☑ **의사에게 처방받은 항생제만** 복용하기

☑ **타인이 처방받은 항생제는** 복용하지 않기

☑ **항생제는 처방받은 방법과 기간을 지켜** 복용하기

☑ **항생제 복용 중단은 의사와 상의 후 결정**하기

☑ **손씻기, 예방접종**으로 감염 예방하기

질병관리청

**항 생제는
필 요할 때만
제 대로
사 용해요**

☑ **항생제**
세균 감염질환을 치료하고,
감염으로 인한 합병증을 줄이기 위해 사용하는 약으로
감기약도 해열제도 아닙니다.

올바른 항생제 사용이 왜 중요할까요?

① 몸 속에는 **항생제에 내성을 가진 세균**을 포함한 많은 세균들이 있습니다.

② **부적절한 종류의 항생제를** 복용하거나, 복용하던 항생제를 **임의로 중단**하면 항생제 내성 세균이 살아남게 됩니다.

③ 살아남은 **항생제 내성 세균들이 증식**을 통해 몸속에서 수가 점점 늘어납니다.

④ **항생제 내성 세균**이 사람이나 동물과의 접촉, 오염된 음식과 물 섭취 등으로 **전파**됩니다.

항생제 내성은 어디서든 발생해요

원인	발생하는 곳
부적절한 항생제 **사용**	→  사람, 농작물, 동물, 어류
부적절한 항생제 **폐기**	→  물, 토양

항생제 내성이 생기면 어떻게 되나요?

❶ 몸 속 세균에 항생제 내성이 생기면?
✓ 항생제를 복용해도 **세균이 죽지 않습니다.**
✓ 내성이 생긴 **항생제를 더 이상 사용할 수 없습니다.**

❷ 항생제 내성 세균이 더 늘어나면?
✓ 치료 시 선택할 수 있는 항생제가 점점 줄어들고 감염으로 인한 **합병증과 사망이 증가**합니다.

항생제 내성, 이렇게 예방해요

1. 불필요한 항생제 사용을 줄여야 해요
▪ **손씻기**와 **예방접종**으로 감염병 사전 예방하기
▪ 항생제는 **의사에게 처방받은 경우만** 복용하기
▪ 먹다 남은 항생제나 타인의 항생제 복용하지 않기

2. 항생제가 불필요한 바이러스 감염질환을 기억해요

감기, 콧물   인플루엔자(독감)   코로나19

3. 항생제는 용법에 맞게 복용해야 해요
▪ 처방에 따라 용량, 기간, 시간을 지켜 항생제 복용하기
▪ 항생제 복용 중단 여부는 의사와 상의하여 결정하기

4. 환경에서의 항생제 내성 발생과 전파를 예방해요
▪ 남은 항생제는 **약국이나 보건소에 반납하여 폐기**하기

한국십진분류법 500 기술과학

 **챌린지 활동**

1 항생제란 무엇인가요?

2 다음 중 항생제를 바르게 사용하지 않은 친구는 누구인가요?

① 이준: 엄마가 처방받은 약을 내가 먹으면 안돼.

② 미래: 증상이 없으면 약을 바로 중단해도 돼.

③ 정우: 손을 잘 씻고, 감염병에 걸리지 않도록 노력해야 해.

④ 예림: 코로나와 같은 바이러스 질병에도 항생제는 꼭 필요해.

3 항생제 내성이란 무엇일까요?

4 항생제 내성이 생기면 어떻게 될까요?

5 항생제의 올바른 사용을 친구에게 알려 주는 쪽지를 써 보세요.

민화는 어떤 그림일까?

작품 제목: <까치와 호랑이>

이미지 출처: 한국민속백과대사전

《까치와 호랑이》는 조선 시대 민화 중에서도 잘 알려진 그림입니다.

'민화'는 조선 시대에 궁궐 화가가 아닌 일반 사람들이 그린 그림으로, 주로 행운, 건강, 부귀를 기원하는 내용을 담고 있어요.

이 그림에서는 한쪽에 호랑이가 앉아 있고, 그 위쪽 나뭇가지에는 까치 한 마리가 있습니다. 호랑이는 무섭게 생기지 않고, 오히려 눈이 둥글고 표정이 우스꽝스럽게 그려졌어요. 까치는 호랑이를 쳐다보며 마치 말을 거는 듯한 모습이에요.

예전 사람들은 이 그림을 집에 걸어 두고, 나쁜 기운을 쫓고 복을 부른다고 믿었습니다. 까치는 기쁜 소식을 전해 주는 새라고 생각했고, 호랑이는 나쁜 것을 물리치는 동물로 여겨졌기 때문이에요.

어떤 사람들은 이 그림을 보고 "호랑이가 멍청해 보이고, 까치가 놀리는 것 같다"라고도 해요. 그래서 이 민화는 단순히 복을 비는 그림이 아니라, 풍자와 유머가 담긴 그림이라는 의견도 있답니다.

민화는 사실적인 그림보다는 사람들의 생각과 바람을 담아낸 상징적인 그림이에요. 그래서 이 그림을 보는 사람마다 느끼는 것이 다를 수 있습니다.

 **챌린지 활동**

1 사실과 의견을 구분해 보세요.

① 〈〈까치와 호랑이〉〉는 조선시대에 그려진 민화예요.   사실 □   의견 □

② 민화는 사람들의 생각과 바람을 담아낸 상징적인 그림이에요.   사실 □   의견 □

③ 까치는 우습게 생겼어요.   사실 □   의견 □

④ 이 민화에는 유머(재미있는 것)가 담겨 있어요.   사실 □   의견 □

2 위의 글을 읽고 '사실'과 '의견'이 담긴 문장을 하나씩 써 보세요.

> 사실:
>
> 의견:

사실과 의견을 구분해 볼까요?

사실	의견
누구나 같이 확인할 수 있어요.	사람마다 다르게 생각할 수 있어요.
날짜, 장소, 숫자처럼 '증거'가 있어요.	'멋지다' '이상하다'처럼 느낌이 들어 있어요.
사전이나 뉴스에 주로 나와요.	감정, 기분, 취향을 말할 때 주로 나와요.

 '시스티나 성당 천장화'는 미켈란젤로가 그린 작품이야.

'시스티나 성당 천장화'는 정말 아름다워.

옛날에도 광고가 있었다고?

THE KODAK CAMERA.

"You press the button, -
- - - we do the rest."

The only camera that anybody can use without instructions. Send for the Primer, free.

The Kodak is for sale by all Photo stock dealers.

The Eastman Dry Plate and Film Co.,

Price $25.00—Loaded for 100 Pictures.   ROCHESTER, N. Y.

A full line Eastman's goods always in stock at LOEBER BROS,, 111 Nassau Street, New York.

"You press the button, we do the rest"
당신은 버튼만 누르세요! 나머지는 우리가 할게요!

이 광고는 1888년에 만들어진 카메라 회사 코닥의 광고입니다. 옛날에는 사진은 주로 전문가만 촬영할 수 있었지만, 코닥은 이 광고를 통해 일반 대중도 손쉽게 사진을 찍을 수 있다는 메시지를 전달하고 있습니다. 당시 이 광고는 '**신문**'이라는 **미디어**를 통해 널리 퍼졌지요.

코닥의 광고 슬로건은 혁신적이었어요!
"You press the button, we do the rest"

챌린지 활동

나만의 광고 기획하기

지금부터 10년 후의 스마트폰 광고를 만든다면 어떤 방식으로 광고를 하면 좋을까요? 아래의 사항을 고려해서 10년 후의 광고를 만들어 보세요.

① 어떤 슬로건을 담을까? (광고 문구)

② 어떤 기술을 사용하면 좋을까? (증강현실, VR등)

③ 어떤 이미지나 사진을 담으면 눈길을 끌 수 있을까?

④ 어떤 미디어에 광고를 담을까?

광고 슬로건

광고 슬로건은 어떤 물건이나 회사를 짧고 기억에 남게 소개하는 짧은 문장이에요. 마치 그 물건의 한 마디 소개 문장이라고 생각하면 돼요! 예를 들어, 오른쪽에 있는 핫초코 광고를 보면 '달콤하고 따뜻한 행복 한 잔!'과 같은 문장이 바로 광고 슬로건이에요.

달콤하고
따뜻한
행복 한 잔!

유네스코(UNESCO) 인류무형유산에 등재된 자랑스러운 우리 음악은?

출처: 국가유산청

유네스코에도 등재된 우리의 위대한 전통 음악인 종묘제례악이에요.
QR코드를 통해 영상을 보며 종묘제례악에 대해 자세히 알아보아요.

단어	뜻
문공	글과 학문으로 나라를 잘 다스린 업적이에요. (예: 똑똑하고 지혜로운 왕의 업적)
무공	전쟁에서 나라를 지킨 업적이에요. (예: 전쟁에서 이긴 용감한 왕의 업적)
예악	예절(예)과 음악(악)을 아울러 이르는 말이에요. 나라를 바르게 다스리는 데 중요한 기본이에요.
도량형	무게, 길이, 부피 등을 재는 방법이에요. (예: 자, 저울 같은 것들) 옛날에 이것을 잘 정하는 것도 왕의 큰 업적이었어요.
문무	부드럽고 조용한 춤이에요. 똑똑하고 평화로운 왕을 표현할 때 추는 춤이에요.
무무	힘차고 멋진 춤이에요. 용감하고 전쟁에서 이긴 왕을 표현할 때 추는 춤이에요.

챌린지 활동

QR코드를 스캔해서 연결되는 동영상의 내용을 보고 아래의 문제를 풀어 보세요.

1 설명과 단어를 바르게 연결해 보세요.

종묘 ●	● 조선의 왕과 왕비의 신주를 모시고 제사를 올리는 왕실의 사당
종묘제례 ●	● 종묘에서 올리는 제사
악장 ●	● 조선 시대 왕들의 문덕을 칭송하고 나라의 평화와 번영을 바라는 음악
보태평 ●	● 종묘제례악에 올리는 노래
정대업 ●	● 조선 왕들의 무공과 업적을 기리며 나라의 번영을 기원하는 음악

2 〈보기〉에서 단어를 골라 빈칸을 채워 보세요.

〈보기〉
종합예술, 예(禮예절 예), 악(樂음악 악), 세계무형문화유산, 세종대왕, 세조

종묘제례악은 악기와 춤, 노래가 어우러진 [   ]로/으로, 조선의 첫 번째 왕인

태조가 [   ]와 [   ]로/으로 나라를 다스린다고 천명한 정신을

바탕으로 만들어졌어요. [   ]이/가 처음 만들었고, [   ] 시기에

제사에 알맞게 더 멋지게 고쳐서 지금까지 전해지고 있어요. 종묘제례악은 그 아름다움과 역사적

가치를 인정받아 유네스코 [   ]으로 등재된 우리의 자랑스러운 문화유산이에요.

3 영상의 출처를 알아보고 믿을 만한 자료인지 확인하는 것은 매우 중요해요. 이 영상을 업로드한 기관은 어디일까요?

**베를린부터 파리까지
몇 개의 메달을 땄을까?**

한국십진분류법 600 예술

포스 스포츠 신문

우리나라 올림픽 이야기

2025년 10월 1일

우리나라가 올림픽과 처음 인연을 맺은 것은 1936년에 개최된 독일 베를린 올림픽이에요. 이때 손기정 선수는 마라톤 종목에서 세계 신기록으로 금메달을 땄지만, 슬프게도 그때는 일제강점기라서 일본 국적과 일본 이름으로 출전해야 했어요. 손기정 선수는 메달 시상식에서 고개를 숙이고, 일본 국가가 울리는 동안 눈을 감았는데, 그 모습은 오늘날까지도 나라 사랑의 상징으로 기억되고 있어요.

우리나라가 독립된 국가로서 처음 올림픽에 참가한 건 1948년 영국 런던 올림픽이에요. 50명의 선수가 참가했고, 역도와 권투에서 동메달을 하나씩 땄어요. 비록 작은 시작이었지만, 이때부터 우리 선수들은 세계 무대에서 성장하기 시작했어요.

가장 큰 전환점은 1988년 서울 올림픽이었어요. 우리나라가 직접 올림픽을 개최한 이 대회에서, 금메달 12개를 포함해 총 33개의 메달을 따면서 종합 순위 4위에 오르는 놀라운 성과를 이루었어요. 서울 올림픽은 전 세계에 대한민국을 알리는 계기가 되었고, 우리나라 스포츠가 세계 수준에 도달했다는 것을 증명한 대회였어요. 그 이후에도 우리나라는 양궁, 태권도, 유도, 펜싱, 사격, 체조, 레슬링 등 다양한 종목에서 꾸준히 좋은 성적을 내며 세계적인 스포츠 강국으로 자리 잡았어요. 최근 열린 2024년 프랑스 파리 올림픽에서는 우리나라가 144명의 선수단을 보내 23개 종목에 참가했어요. 그 결과, 금메달 13개, 은메달 9개, 동메달 10개를 획득하여 총 32개의 메달, 종합 8위라는 놀라운 성과를 얻었어요. 이 메달 수는 2008년 베이징, 2012년 런던에 이어 가장 훌륭한 기록 중 하나예요.

조금 더 자세히 우리나라의 올림픽 역사를 재미있는 통계로 알아볼까요?

—김미리 기자

1988 서울 올림픽

챌린지 활동

1 인터넷 포털에서 '대한 체육회'를 검색하거나 아래의 QR코드를 찍어서 '대한 체육회' 누리집에 접속하세요.

2 '데이터' 카테고리로 이동하세요.

3 각종 스포츠 관련 통계들을 찾았나요? '하계 올림픽' 카테고리를 찾아 우리나라 통계를 더 알아보세요.(tip: 누리집의 가장 아래쪽으로 내려 보면 쉽게 찾을 수 있어요.)

*개최국을 잘 모른다면 개최 도시를 포털사이트에서 검색해 보세요.

	개최국	획득 메달			종합 순위
제33회 파리	프랑스	금 13	은 09	동 10	8위
제32회 도쿄					
제31회 리우데자네이루					
제30회 런던					
제29회 베이징					
제28회 아테네					
제24회 서울					

최근 가장 많은 은메달을 획득한 올림픽	가장 좋은 성적을 냈던 올림픽	가장 성적이 부진했던 올림픽

문자가 아닌 숫자로 소통을 했다고?

삐삐(무선호출기)가 무엇인지 생소할 거예요.

전화처럼 실시간으로 통화할 수는 없었지만 숫자를 사용하여
서로 소통할 수 있었던 삐삐에 대한 영상을 함께 볼까요?

30~40년 전에 휴대전화가 흔하지 않았던 시절에 보고 싶은 사람에게 숫자로 마음을 전하는 방법이 있었어요. 바로 삐삐라는 기기예요. 다른 사람에게 남기고 싶은 말을 녹음해서 전하거나 삐삐 기계 화면에 뜨는 숫자로 마음을 전하는 것이 유행이었다고 해요. 지금 우리가 글로 길게 쓰는 것보다 짧고 간결하게 줄여 쓰는 것과 비슷하지 않나요? 글이 아니었지만 서로 이해할 수 있는 약속된 암호였어요. 예를 들어 삐삐 화면에 486이라고 뜨면 '사랑해', 1004는 '천사', 8282는 '빨리빨리'라는 의미였어요. 과거에도, 현재에도 소중한 사람과 소통하고 싶은 마음은 같답니다.

챌린지 활동

1 숫자의 의미를 추측해 보세요.

①

②

2 언어, 숫자, 기호 모두 살아 있는 약속이에요.

① 다음 그림을 보고 이모티콘이나 숫자, 기호 등을 활용해서 어떤 의미인지 추측해서 써 보세요.

그림을 관찰해 보세요.

어떤 의미인지 추측해 보세요.

② 내 머릿속에 떠오르는 생각을 쓰고, 이모티콘이나 숫자, 기호 등을 활용해서 나만의 언어로 표현해 보세요.

떠오르는 생각을 써 보세요.

나만의 언어로 표현해 보세요.

인공지능에게 프랑스어 공부에 대해서 상담해 볼까?

얼마 전에 들어 본 프랑스 노래 가사 내용이 궁금해서 프랑스어를 배우고 싶어졌어.

 Salut(살루)! 안녕이라고 프랑스어로 인사해 봤어. 프랑스어를 배운다니 멋진데.
기초부터 차근차근 배우는 방법 몇 가지를 소개할게.
1. 프랑스어 동요나 애니메이션을 보면서 귀가 트일 수 있어.
2. 간단한 인사말부터 배우면 가볍게 시작할 수 있어.
3. 책이 필요하면 프랑스 그림책으로 볼 수도 있지.
다른 방법도 궁금하니?

응. 학교도서관을 활용해서 프랑스어를 배우는 방법 없을까?

 학교도서관을 활용해서 프랑스어를 배우다니, 효율적이고 똑똑한 방법이야. 몇 가지 방법을 소개할게.
1. 도서관 검색대를 활용해 볼까?
- 도서 검색 컴퓨터에서 '독서로' 사이트로 들어가 봐. 검색창에 입력할 검색어를 알려 줄게. '프랑스어', '불어', '프랑스 동화', '어린이 프랑스어', '프랑스 그림책' 등으로 검색하면 필요한 책이 나올 거야.
2. 어떤 책을 빌려야 할까?
- 어린이 프랑스어 교재: 기초부터 차근차근 알려 주는 어린이를 위한 프랑스어 학습 책이야. 그림도 많고, 설명도 친절할 거야.
- 프랑스 그림책: 그림이 많고 내용도 이해하기 쉬워서 유추해 가면서 읽기 좋아. 유명한 책이라면 이미 알고 있어서 읽기 쉽고, 만약에 번역된 책이 있다면 그 책도 함께 펴 놓고 봐도 좋겠지?

책으로 프랑스어를 공부할 수 있는 방법도 알려 줄래?

 좋아. 4가지 방법을 소개할게.
1. 소리 내어 따라 읽기: 책에 딸린 CD나 QR코드를 활용해서 발음을 듣고 따라해 봐.
2. 그림과 단어 연결하기: 그림책에 나오는 그림과 글을 연결해서 읽어 봐.
3. 쉬운 문장부터 시작하기: 천 리 길도 한 걸음부터! 쉬운 것부터 시작해 보자. 힘내!
4.

한 국 십 진 분 류 법　700　언 어

1 알고 보면 프랑스어에서 온 말이 많아요. 설명과 낱말을 연결해 보세요.

① 외국 사람이 쌀 대신 먹는 밥	ㄱ. omelette (오믈렛)
② 동그랗고 폭신하고 달콤한 빵	ㄴ. ruban (리본)
③ 커피를 마시는 곳	ㄷ. café (카페)
④ 길고 하얀 프랑스 빵	ㄹ. macaron (마카롱)
⑤ 머리끈이나 선물 포장에 쓰는 예쁜 끈	ㅁ. pain (빵)
⑥ 과일로 만든 음료	ㅂ. baguette (바게트)
⑦ 계란으로 만든 부드러운 음식	ㅅ. jus (주스)

2 네모 안에 들어갈 프랑스어 공부 방법을 예상해서 써 보세요.

3 인공지능에게 '영어를 배우고 싶어요.'라고 질문하는 대신 나에게 필요한 내용을 좀 더 구체적인 질문으로 바꿔 보세요.

조상들의 지혜가 담긴 센스있는 말을 써 볼까?

한국십진분류법 700언어

가는 말이 고와야 오는 말이 곱다
자기가 남에게 말이나 행동을 좋게 하여야 남도 자기에게 좋게 한다.
적용 ☞ 친구에게 바른 말을 썼더니 친구도 예쁜 말로 답해 주었어요.

개구리 올챙이 적 생각 못 한다
형편이나 사정이 전에 비하여 나아진 사람이 지난날의 어려움을 생각하지 못하고 처음부터 잘난 듯이 뽐낸다.
적용 ☞ 축구를 못했던 친구가 이제는 축구를 잘하게 됐다고 축구를 못하는 동생을 놀리고 있어요.

금강산도 식후경
아무리 재미있는 일이라도 배가 불러야 흥이 난다.
적용 ☞ 산 정상에 올라갔는데 배가 고파서 경치가 잘 안 보였는데 김밥을 먹으니 경치도 눈에 들어오는 것 같아요.

낮말은 새가 듣고 밤말은 쥐가 듣는다
아무리 비밀로 한 말이라도 반드시 남의 귀에 들어가게 된다.
적용 ☞ 친구의 험담을 하면 시간이 흘러 친구의 귀에 들어갈 수 있어요.

등잔 밑이 어둡다
오히려 가까이 있는 사람이 사실이나 대상을 잘 알기 어렵다.
적용 ☞ 멀리 있는 물건은 잘 찾으면서 가까운 책상 위에 있는 물건을 못 찾을 때가 있어요.

백지장도 맞들면 낫다
쉬운 일이라도 협력해서 하면 훨씬 쉽다.
적용 ☞ 분리수거를 하는 일도 함께하면 금방 할 수 있어요.

수박 겉핥기
사물의 속 내용은 모르고 겉만 건드린다.
적용 ☞ 책 표지만 보고 책을 다 읽었다고 독후감을 썼어요.

콩 심은 데 콩 나고 팥 심은 데 팥 난다
모든 일은 원인에 따라 거기에 걸맞은 결과가 나타난다.
적용 ☞ 평소에 책을 많이 읽은 친구가 글쓰기 대회에서 상을 받았어요.

티끌 모아 태산
아무리 작은 것이라도 모이고 모이면 나중에 큰 덩어리가 된다.
적용 ☞ 매일 1,000원씩 저금해서 1년 동안 모으면 365,000원이 모여요.

출처: 국립국어원 〈우리말 샘〉

1 네 컷 만화를 보고 상황에 어울리는 속담을 찾아 써 보세요.

2 다음에 나오는 속담과 상황을 보고 속담의 뜻을 추측해서 써 보세요.

그림의 떡
집 앞에 과자 가게가 생겼지만 용돈이 다 떨어져서 살 수 없었어요.

의미

3 음식과 관련된 속담을 마인드 맵에 1가지 쓰고, 나머지 3가지는 친구들과 함께 찾아서 써 보세요.

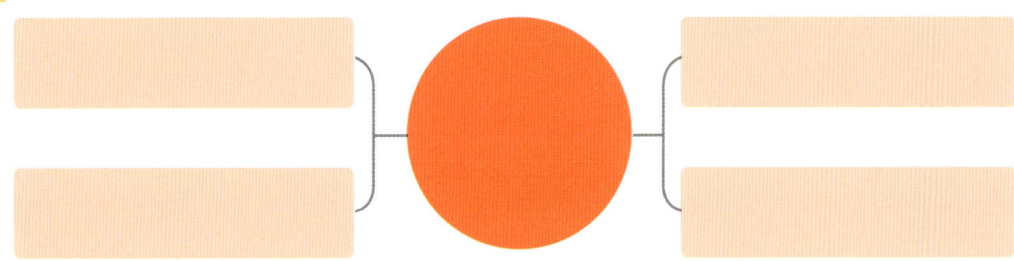

한국십진분류법 700언어

독서 프로그램을 신청해 볼까?

독서 프로그램 신청 안내

학부모님께,

푸르른 5월, 가정에 늘 건강과 행복이 가득하시기를 기원합니다. 학생들이 독서를 통해 지혜와 인성을 겸비한 훌륭한 사람으로 성장할 수 있도록 〈독서로 성장하는 우리〉 독서 프로그램을 운영합니다.

〈독서로 성장하는 우리〉 독서 프로그램 신청 및 시상 안내

◆ 운영 기간: 1학기: 5월 19일 ~ 7월 9일 / 2학기: 9월 1일 ~ 11월 28일

◆ 참여 대상

▷ 1, 2학년: 별도 신청 없이 자동 신청됩니다. 학급별로 학교도서관 도서 대출 권수가 많고 독서 태도가 우수한 학생 1명에게 시상합니다.

▷ 3, 4학년: 아래의 독서 미션을 모두 완료합니다.
학교도서관에서 30권 이상 대출하여 완독하기
독서 미션 1, 2, 3을 모두 완수하기
　　　미션 1: 2025년 나만의 독서 계획 세우기(필수 참여)
　　　미션 2: 독서 챌린지 60개 완수하기(미션 책은 추후 안내)
　　　미션 3: 학교도서관에서 책 30권 대출 및 독서 활동

▷ 5, 6학년: 경북독서친구 책을 읽고 미션을 완료합니다.
활동 방법: 경북독서친구 학년별 권장도서 확인 → 읽고 싶은 책 선정 → 독서 활동 → 해당 도서 인증 평가 참여 → 독후 활동
인증 절차: 경북독서친구 홈페이지 이용
　　　미션 1: 경북독서친구 사이트 가입하기
　　　미션 2: 경북독서친구 권장도서 30권 완독
　　　미션 3: 5학년-경북독서친구 사이트에서 독후 활동 25편 쓰기 / 6학년-경북독서친구 사이트에서 독후 활동 10편 쓰기

◆ 신청 기한: 5월 15일(목)까지

◆ 　　　　　　　　　　: 담임 선생님께 신청하세요.

◆ 시상 안내
미션을 모두 완수한 학생들에게는 모두 상품을 드립니다. 또한, 모든 활동을 완료한 학생 중에서 학급별로 1명씩 선정하여 상장을 드립니다.

아이들이 독서를 통해 넓은 세상을 만나고, 꿈을 키울 수 있도록 학부모님의 많은 관심과 격려 부탁드립니다. 감사합니다.

2025년 5월 12일

미리초등학교장 김 주 원

1 〈독서 프로그램 신청 안내〉 가정통신문에서 모르는 낱말에 'O' 하세요. 그리고 아래 표에 낱말을 쓰고 뜻을 찾아 써 보세요.

2 네모 안에 들어갈 말은 무엇일까요?

초성 힌트: ㅅ ㅊ ㅂ ㅂ

3 만약 내가 4학년 학생이라면 다음 중 어떤 미션을 해야 할까요?

① 경북독서친구 사이트에서 독후 활동 10편 쓰기

② 학교도서관에서 책을 25권 빌려 읽기

③ 독서 챌린지 50개 완수하기

④ 2025년 나만의 독서 계획 세우기

다른 사람 **콘텐츠**를 **따라** 해도 될까?

한 농촌 마을에 젊은 농사꾼 흥부라는 청년이 살고 있었어요. 그는 시골에서 일어나는 소소한 일상을 사진과 함께 블로그에 기록하는 것이 취미였어요. 농촌의 생활 모습을 흥미롭게 풀어낸 덕분에 귀농을 꿈꾸는 사람들 사이에서는 꽤 유명 블로그였어요. 그러던 어느 날, 흥부는 다친 제비의 다리를 고쳐 준 사연을 블로그에 올렸어요. 생각지도 못한 이 사연이 온라인에서 유명해지면서 흥부는 단번에 인플루언서가 되었어요. 덕분에 흥부는 TV에 출연도 하고, '흥부'라는 이름의 농산물도 출시했어요.

이 소식을 들은 옆 마을의 '놀부'는 배가 아팠어요. '나도 저렇게 유명해지고 싶은데⋯⋯' 고민에 빠진 놀부는 블로그 대신 시골 일상을 영상으로 찍어 유튜브에 올렸어요. 하지만 생각만큼 조회수가 나오지 않았어요. 고민하던 놀부는 마침내 기막힌 생각을 했어요.

흥부의 글을 영상으로 만드는 거야. 형식이 다르니까 모르겠지!

그날부터 놀부는 흥부의 블로그를 뒤져 가며 흥부의 글 중에서 조회수가 높은 것을 영상으로 바꾸기 시작했어요. 조회수가 높은 글을 골라 영상으로 만들다 보니 놀부의 유튜브 채널도 점차 인기를 끌게 되었어요.

그러던 어느 여름, 흥부를 유명하게 만든 '제비 다리 고쳐 주기' 이야기를 영상으로 올리자 조회수가 폭발적으로 늘었어요. 그런데 예상치 못한 댓글들이 달리기 시작했어요.

➥ 이거 어디서 본 것 같은데⋯ 뭐지?

➥ 그러게요. 영상이 낯설지 않아요. 제비로 검색해도 안 나오던데⋯⋯

➥ 헉! 저 이 장면, 흥부님 블로그에서 봤어요!!

➥ 진짜네! 다른 영상도 흥부님 글이랑 비슷한 게 많네요.

➥ 이거, 남의 아이디어를 이렇게 써도 되는 건가요? 흥부님도 알고 있나요?

결국 그 소식을 전해 들은 흥부는 놀부를 저작권 침해로 신고했어요. 놀부의 영상은 삭제되었고 경고 조치까지 받게 되었어요.

챌린지 활동

1 다음 설명을 읽고 맞으면 O, 틀리면 X로 표시하세요.

유튜브에서 본 다른 사람의 영상을 따라 만들어도 상관없다.	
흥부는 시골의 소소한 일상을 글과 사진으로 올렸다.	
놀부의 영상 채널은 흥부와 표현 형식이 다르기 때문에 저작권 침해가 아니다.	
영상이나 노래, 그림도 누군가의 창작물이기 때문에 함부로 사용하면 안 된다.	
내가 만든 영상이 표절당했을 때는 그냥 참는 것이 예의다.	

2 이야기의 중요 장면과 내용을 정리해 보세요.

주요 장면	중요 단어 & 핵심 내용	
	중요 단어	
	핵심 내용	
	중요 단어	
	핵심 내용	
	중요 단어	
	핵심 내용	

이것도 폭력이라고?

거북이 넌 달리기 하지마~ 그냥 기어다녀~ㅋㅋ

저 영상은 다시 봐도 웃긴다ㅋㅋ

거북이 다시 달리면 또 넘어진다에 500원 건다~

아무도 얘한테 릴레이 맡기지 마라ㅋㅋ

거북이는 최근 들어 휴대폰을 켜는 것이 두렵다. 같은 반 친구들과 함께 쓰는 채팅방에 토끼가 자꾸 자신을 놀리는 말을 올리기 때문이다.

체육대회 때 달리기를 하던 거북이가 넘어졌는데 그걸 몰래 찍은 토끼가 영상을 단톡방에 올린 것이다.

처음에는 웃고 넘기려 했지만, 매일같이 쏟아지는 조롱 섞인 메시지들 때문에 거북이는 점점 말수가 줄고, 휴대폰 알림도 꺼 버렸다. 심지어 체육 시간에 일부러 다리를 다쳤다고 거짓말까지 하며 체육시간을 피했다. 평소처럼 토끼와 몇몇 친구들이 거북이와 있었던 일을 이야기하고 있었다. 그런데 평소 말이 없고 조용하던 곰이 단톡방에 글을 올렸다.

"이제 이런 말 그만하자. 웃긴 게 아니라 누군가 상처받는 거잖아."

순간 단톡방에 정적이 흘렸다. 십여 분간 아무도 글을 올리지 않았다. 그러다 속속 새로운 글이 올라왔다.

"그래 우리도 가끔 실수하잖아. 그런데 매번 이런 식이면 너무한 듯……."

"거북이가 뭘 그렇게 잘못했냐?"

단톡방에는 평소와 다른 글들이 올라왔다. 토끼는 당황했는지 말없이 단톡방을 나가 버렸다.

그 모습을 지켜본 거북이는 처음엔 조금 얼떨떨했지만 친구들이 고마웠다. 거북이는 다시 운동장을 달릴 수 있을 것 같은 기분이 들었다.

한 국 십 진 분 류 법 8 0 0 문 학

챌린지 활동

1 거북이의 일화를 읽고 네모 박스의 내용이 맞다고 생각하면 O, 틀리다고 생각하면 X로 표시해 보세요.

> 친구의 영상을 허락 없이 단체 채팅방에 올려도 된다.

> 단체 채팅방에서 친구를 놀리는 행위를 사이버 폭력이라고 한다.

2 토끼가 '거북이의 영상'을 올렸을 때 거북이의 기분으로 가장 적절한 것은 무엇일까요?

① 친구들이 관심 가져 줘서 기분이 좋았을 것이다.

② 친구들이 응원해 주어 힘이 났을 것이다.

③ 토끼가 영상을 찍어 주어 고마웠을 것이다.

④ 자신의 행동을 웃음거리로 만들어서 속상하고 슬펐을 것이다.

3 토끼가 단체 채팅방에 처음 영상을 올렸을 때, 친구들이 어떤 글을 올리면 좋았을지 써 보세요.

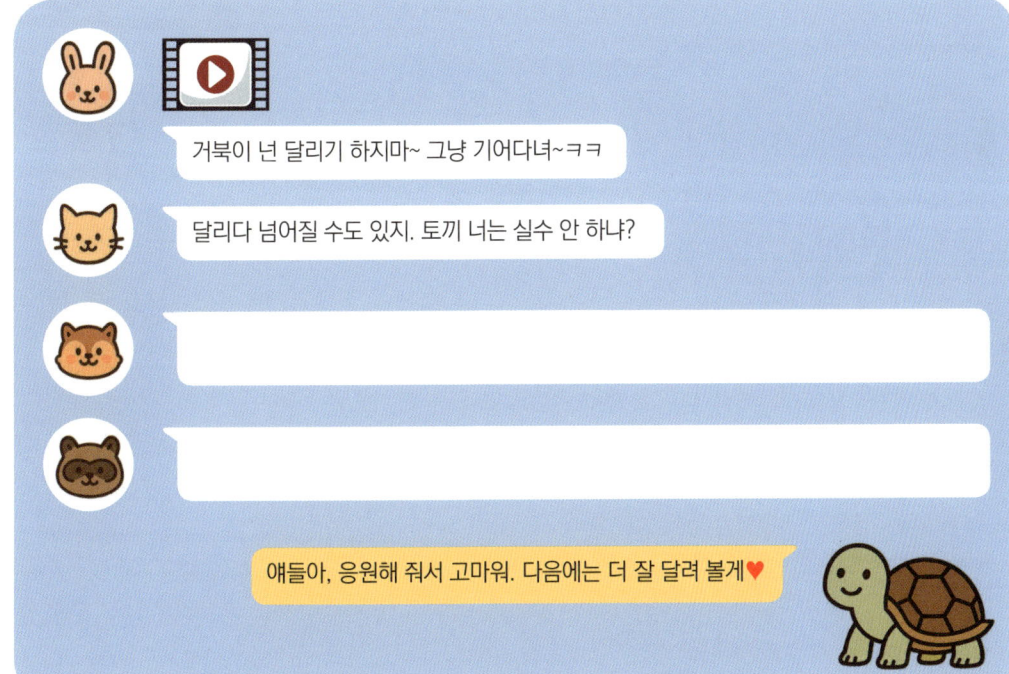

상상 속 미래 미디어, 우리가 만날 날은 언제일까?

상상력 한 스푼, 기술 한 줌

– 별아이 –

자기 전 침대에 누워 안경을 쓰면
출발! 가상현실 여행.
달나라 놀이터에서
토끼와 술래잡기를 해요.

스마트폰을 책에 비추면
옛날 사람들이 떠올라요.
거리에 비추면
공룡이 쿵쾅쿵쾅 걸어다니고 있어요.

내가 생각하는 대로 로봇이 춤을 춰요,
"이건 바로 BCI*, 뇌파의 마법!"
말하지 않아도 마음이 전달돼요.

학교 수업 시간엔
3D 홀로그램 선생님께 인사해요.
"안녕하세요."

비가 오는 날에도
따스한 햇살이 느껴지는
초실감형 미디어.
진짜처럼 바람이 내 귓가를 스쳐요.

*BCI: 뇌-컴퓨터 인터페이스(Brain-Computer Interface), 뇌파를 읽어 컴퓨터나 기계를 조작하는 기술

챌린지 활동

1 다음 중 동시에서 설명한 기술과 올바른 설명이 연결된 것은 무엇일까요?

미래의 미디어(기술)	설명
① 가상현실(VR)	㉠ 실제 세계 위에 가상의 정보를 보여 주는 기술
② 증강현실(AR)	㉡ 특수한 기기를 사용하여 컴퓨터로 만든 세계를 경험할 수 있는 기술
③ 홀로그램	㉢ 공중에 입체 영상처럼 보이는 기술

① ①-㉢ / ②-㉠ / ③-㉡   ② ①-㉡ / ②-㉢ / ③-㉠

③ ①-㉠ / ②-㉡ / ③-㉢   ④ ①-㉡ / ②-㉠ / ③-㉢

2 초실감형 미디어가 목표로 하는 것은 무엇일까요?

① 생각한 대로 로봇 움직이기

② 현실보다 더 현실 같은 체험하기

③ 많은 정보를 빠르게 저장하기

④ 책처럼 아주 얇은 휴대폰 접기

3 동시에는 다양한 미래 미디어(기술)가 등장해요. 그중에서 하나를 고르고 우리 생활이 어떻게 달라질지 상상하며 그 이유를 써 보세요.

4 미디어 혹은 디지털 기술과 관련된 미래의 직업을 인터넷으로 찾아 2가지만 써 보세요.

인터넷에 남긴 발자국, 평생 따라온다면?

옛날 머나먼 옛날, 빨간 디지털 망토라는 별명을 가진 소녀가 있었어요. 소녀는 스마트폰을 좋아하고, SNS에 사진을 올리기도 하고 친구랑 온라인으로 대화를 자주 했어요.

어느 날, 소녀의 엄마가 소녀에게 말했어요.
"할머니 댁에 사과를 드리고 오렴. 그전에 할머니께 간다고 사과와 네 사진을 찍어 보내드리렴. 할머니가 널 기다리시는 동안 심심하지 않게 말이야."

빨간 디지털 망토는 사진을 찍고, SNS에 위치 태그를 함께 올렸어요. 할머니 댁에 심부름 가는 자신이 기특하여 인증하고 싶었거든요.

스마트폰으로 SNS를 보다가 소녀의 게시물을 본 늑대 아저씨는 생각했어요.
'오호라… 숲속에 혼자 가는구나? 쉽게 만날 수 있겠다!'
늑대는 빨간 망토에게 문자를 보냈어요.
안녕~ 나 엄마 친구야. 기특하네~ 할머니 댁에 심부름도 가고. 할머니 댁이 멀지 않니? 할머니 댁은 어디니?
빨간 망토는 엄마의 친구라는 말에 아무 의심 없이 늑대에게 위치와 사진을 보내 주었어요.

> Instagram

❤ 💬 ✈

#할머니댁에가는길 #심부름하는나
#착한손녀 #할머니기다려요
#할머니집 #가족사랑 #숲속여행

늑대는 그 정보로 소녀보다 먼저 할머니 집에 도착했어요.
늑대는 할머니의 팔을 묶어 놓고, 할머니의 스마트폰으로 빨간 망토에게 문자를 보냈어요.
우리 예쁜 손녀~ 할머니 집 문 열어도 돼~^^

그 문자를 받은 빨간 망토는 문을 열고 들어갔죠. 그런데……

"앗! 할머니! 끼야아!"
늑대가 소녀를 잡으려던 순간, 근처에 있던 사이버 지킴이 아저씨가 빨간 망토의 위치 공유 기록을 보고 도착했어요. 늑대 아저씨는 경찰서로 가게 되었고, 할머니와 빨간 망토는 무사히 집으로 돌아갔답니다.

챌린지 활동

1 빨간 디지털 망토가 위험에 처하게 된 이유는 무엇일까요? 아래 초성을 참고하여 적어 봅시다.

> **SNS에 ㄱㅇㅈㅂ를 올렸기 때문에**

2 디지털 발자국이란, 빨간 디지털 망토가 남긴 사진처럼 우리가 인터넷이나 디지털 기기를 사용할 때 온라인에 남기는 모든 기록이에요. 다음 중 디지털 발자국이 아닌 것은 무엇일까요?

① 친구와 SNS에서 나눈 대화 기록

② 유튜브에서 본 영상의 시청 이력

③ 내가 스마트폰으로 찍은 사진

④ 선생님께 제출한 미디어 사용 일지

3 디지털 발자국을 잘 관리하고 있는지 점검해 볼까요? 아래의 문항을 읽고 잘 생각해 본 후 해당 칸에 표시(☑)해 보세요.

점검 내용	예	아니오
SNS나 채팅 앱에 개인정보(이름, 주소, 전화번호 등)를 올리지 않는다.		
사용하지 않는 오래된 계정이나 게시글은 삭제하거나 비공개로 바꾼다.		
비밀번호를 남에게 알려 주지 않고, 자주 바꾼다.		
나의 온라인 활동이 나중에 어떤 영향을 줄 수 있는지 생각해 본 적이 있다.		
내가 쓴 글이나 댓글이 상대방에게 기분 나쁠 수 있는지 생각해 본다.		

4 디지털 발자국을 잘 관리해야 하는 이유는 무엇일까요?

한국십진분류법 800 문학

단체 채팅방에서 이야기 나누는 것도 조심해야 한다고?

미리와 비밀 단톡방

5학년 1반에 새로 전학 온 미리는 조용하고 그림 그리기와 음악 듣기를 좋아하는 아이였다. 발표하기나 운동하기처럼 친구들 앞에 나서는 걸 어려워했지만 착하고 상냥한 친구다.

하지만 공개수업이 있던 날, 미리가 발표시간에 긴장해서 말을 더듬었다.

"저는… 어… 이 부… 부분에서…"

그 순간 아이들의 웃음이 터졌고 그날 이후로 미리를 향한 수군거림과 놀림이 시작되었다.

"쟤 말더듬이야 더듬더듬ㅋㅋㅋ"

"더듬이 진짜 웃겨 ㅎㅎ"

그런 놀림이 학급 친구들의 단체 채팅방으로 이어졌다. 미리가 그 방에 함께 있었는데도 친구들은 멈추지 않았다. 매일매일이 괴로웠다. 어느 날, 태훈이라는 친구가 미리의 얼굴을 딥페이크 앱으로 조작한 영상을 단톡방에 올렸다.

미리 얼굴이 웃긴 캐릭터에 붙어 있었고, 목소리도 이상하게 바뀌어 있었다.

"이거 완전 웃기지? ㅋㅋ"

영상은 금세 퍼졌고, 친구들의 놀림은 더 심해졌다. 같은 반 친구 '승리'는 그 모습을 보고 조용히 채팅방을 나갔다. 그리고 다음날 자신의 SNS에 이런 글을 남겼다.

"누군가를 지속적으로 놀리는 건 장난이 아니라 폭력이다. 함께 있는 공간에서 누군가 상처받고 있다면 그건 우리 모두의 책임이다."

이 글은 곧 학급 학생들에게 퍼졌고, '사이버 폭력'이라는 주제로 학급회의까지 열렸다.

선생님은 학급회의 시간에 말씀하셨다.

"온라인에서 친구를 험담하거나 놀리는 말도 폭력입니다. 내가 한 말로 다른 친구가 상처받고 있는 건 아닌지 스스로 돌아보길 바랍니다."

교실의 분위기가 숙연해졌다. 그날 이후로 단톡방의 분위기가 점점 달라졌다. 친구를 아프게 하는 말은 줄어들었다. 미리에게도 조심스럽게 다가오는 친구들이 생겼다.

"미리야, 너 그림 잘 그리던데 나 이 캐릭터 그려 줘~"

"다음 미술시간에 나랑 같이 앉을래?"

그리고 승리가 처음으로 미리에게 말을 걸었다.

"미리야, 나도 너랑 비슷한 일이 있었거든. 너랑 친구가 되고 싶었어"

미리는 놀랐지만 마음이 따뜻해졌다. 전학 온 이후 처음으로 방긋 웃었다.

챌린지 활동

1 단체 채팅방에서 미리를 놀리는 메시지와 딥페이크 영상이 공유된 상황에서 다음 중 디지털 예절에 맞는 적절한 대응은 무엇인가요?

① 분위기를 맞추기 위해 같이 웃고 재미있는 댓글을 단다.

② 장난이었으니 괜찮다고 생각하며 그냥 넘긴다.

③ 미리의 입장에서 생각하고, 따뜻한 말을 건네고 그런 행동을 하지 않겠다고 다짐한다.

④ 영상이 재미있긴 하지만, 다음에는 친구가 아닌 유명인 얼굴로 만들자고 제안한다.

2 인터넷이나 채팅방에서 하는 말도 진짜 말처럼 사람의 마음에 남아요. 실수로 상처 주는 말, 장난처럼 했던 아픈 말들도 사이버 폭력이 될 수 있어요. 미리와 친구들의 대화 중 아래의 내용을 다른 말로 바꿔 쓰고, 이모티콘도 넣어서 표현해 보세요.

문장	😊😭😍 이 문장에 어울리는 이모티콘은?	
더듬더듬ㅋㅋ말더듬이야		어울리는 이모티콘을 그려 봐도 좋아요.
쟤 진짜 이상하지 않냐?		

3 딥페이크(Deepfake)와 딥보이스(Deepvoice)는 인공지능을 활용해 사람의 얼굴이나 목소리를 실제처럼 바꾸는 기술이에요. 이런 기술을 허락 없이 사용할 경우 어떤 문제가 발생할 수 있을까요?

① 친구 사이가 더 돈독해지고 모두가 즐거워진다.

② 친구의 얼굴이나 목소리를 허락 없이 사용해 개인의 명예가 훼손되고 사생활이 침해되어 큰 상처를 입을 수 있다.

③ 영상과 음성(소리)의 품질이 자연스럽게 개선된다.

④ 누구나 쉽게 딥페이크와 딥보이스를 만들 수 있어 교육에 도움이 된다.

내가 올린 정보는
내 친구만 보는 것이 아니라고?

생일 파티를 앞둔 미리는 신나게 생일파티 초대장을 친구들의 단체 채팅방에 올리고, 개인 SNS에도 올렸어.

그런데 그날 이후로 모르는 번호로 계속 연락이 오는 거야.

"포스 아파트에서 생일파티 한다고? 나도 초대해 줘."
"너희 집에 치킨 많이 시키냐? 나도 간다~"

미리는 무서워서 생일파티를 취소하고 말았지. 미리의 이야기를 들은 담임선생님께서는 학급 전체에 이렇게 말씀하셨어.

"전화번호, 주소, 이름, 생일 같은 나의 개인정보는 아무에게나 공개하면 안 됩니다. 인터넷에 올린 정보는 쉽게 퍼져 나가니까요. 내가 지운다고 지워지는 게 아니니 조심해야 해요!"

그 뒤로 미리와 친구들은 인터넷에 게시물을 올릴 때 다시 한번 확인하게 되었어.

챌린지 활동

나의 디지털 시민 선언문을 작성해 봅시다.

나의 디지털 시민 선언문

나는 디지털 공간에서도 바른 시민으로
행동하기 위해 다음의 약속을 지키겠습니다.

1. 인터넷에 글이나 사진을 올리기 전에 개인정보가 포함되어 있는지 확인하겠습니다.

2.

3.

4. 누군가 피해를 입는 모습을 보았을 때, 침묵하지 않고 어른에게 알리거나 도울
   방법을 찾겠습니다.

5. 단체 채팅방과 SNS에서는 안전하고 편안한 분위기를 만들기 위해 노력하겠습니다.

이름:　　　　　날짜:

소중한 개인정보 함께 지켜요

한 국 십 진 분 류 법　8 0 0 문 학

097

옛날 이야기에도 가짜 뉴스가 있다고?

옛날 이야기 속에도
'가짜 뉴스'가 있었다?!

전래동화로 배우는 미디어 리터러시

가짜뉴스 / 소문 / 진짜일까?

[카드1] 선화 공주님과 서동의 결혼 임박?!
결혼식 축가는 서동이 가르친 아이돌이 맡기로 했다고.

선화공주

서동이 〈서동요〉를 만들어 아이들 사이에 퍼뜨려서
선화공주를 궁에서 쫓겨나게 만들고 갈 곳이 없던
선화공주는 서동과 결혼을 했답니다.

❗ 이러면 안 돼요! 의도적으로 소문 퍼뜨리기

[카드2] 당신의 혹은 더 이상 혹이 아닙니다.
혹 하나에 요술 방망이가 하나!

착한 혹부리 영감이 도깨비에게 혹을 주고 금이
나오는 요술 방망이를 받았다는 소문을 듣고
옆 동네 영감이 사실 확인을 하지 않고
혹을 바꾸려다가 혹이 하나 더 늘어났어요.

❗ 이러면 안 돼요! 잘못된 정보를 무턱대고 믿기

[카드3] 3년 고개에서 넘어진 사람은
이제 살 날이 3년밖에 남지 않았다고 하는데?!

삼년고개

3년 고개에서 넘어진 할아버지는 살 날이 얼마
남지 않았다고 믿고 매일 걱정하고 슬퍼했습니다.
다행히 3년 고개에서 여러 번 넘어지면 그 만큼
더 오래 살지 않겠냐는 지혜가 많은 사람의 말 덕분에
삶의 희망을 다시 찾았다고 전해져요.

❗ 이러면 안 돼요! 믿음을 이용하는 거짓말 흘리기

챌린지 활동

1 소문을 듣고 찾아간 혹부리 영감에게 혹이 하나 더 생긴 이유는 무엇일까요?

① 잘못된 주소로 찾아가서

② 다른 혹부리 영감보다 노래를 잘 못 불러서

③ 방망이가 아니라 다른 것을 달라고 도깨비에게 떼를 써서

④ 소문을 듣고 사실을 확인하지 않고 섣부른 행동을 해서

2 가짜 뉴스를 대하는 태도가 바르지 않은 사람은 누구일까요?

① 하은: EBS 공식 유튜브 채널의 정보를 보고 숙제를 했어요.

② 하율: 친구가 보내 준 기사와 인터넷의 여러 신문기사를 살펴보고 비교해 봤어요.

③ 민준: 다른 사람에게 보내지 않으면 운이 나빠진다는 문자 메시지를 받고 바로 단체 채팅방에 공유했어요.

④ 주원: 인터넷에 올라온 글을 볼 때 '이게 정말 사실일까?'하고 생각해 봤어요.

3 옛날 이야기 〈토끼와 거북이〉에 대한 뉴스를 읽고 참과 거짓을 써 보세요.

① 토끼와 거북이의 달리기 경주에서 거북이가 이겼습니다.

② 토끼가 진 이유는 중간에 잠이 들어 버려서입니다.

③ 거북이는 등껍질 속에 숨겨 둔 스케이트를 꺼내서 신고 경주에서 이겼습니다.

④ 거짓을 골라서 그 이유를 써 보세요.

4 옛날 이야기를 찾아서 카드 뉴스로 만들어 보세요.

한국십진분류법 800 문학

챌린지 44

오늘의 미디어 **애플리케이션**

정리하기

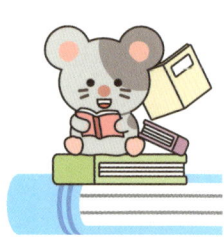

미디어는 나의 24시간을 얼마나 채우고 있을까?

미디어 24시 애플리케이션

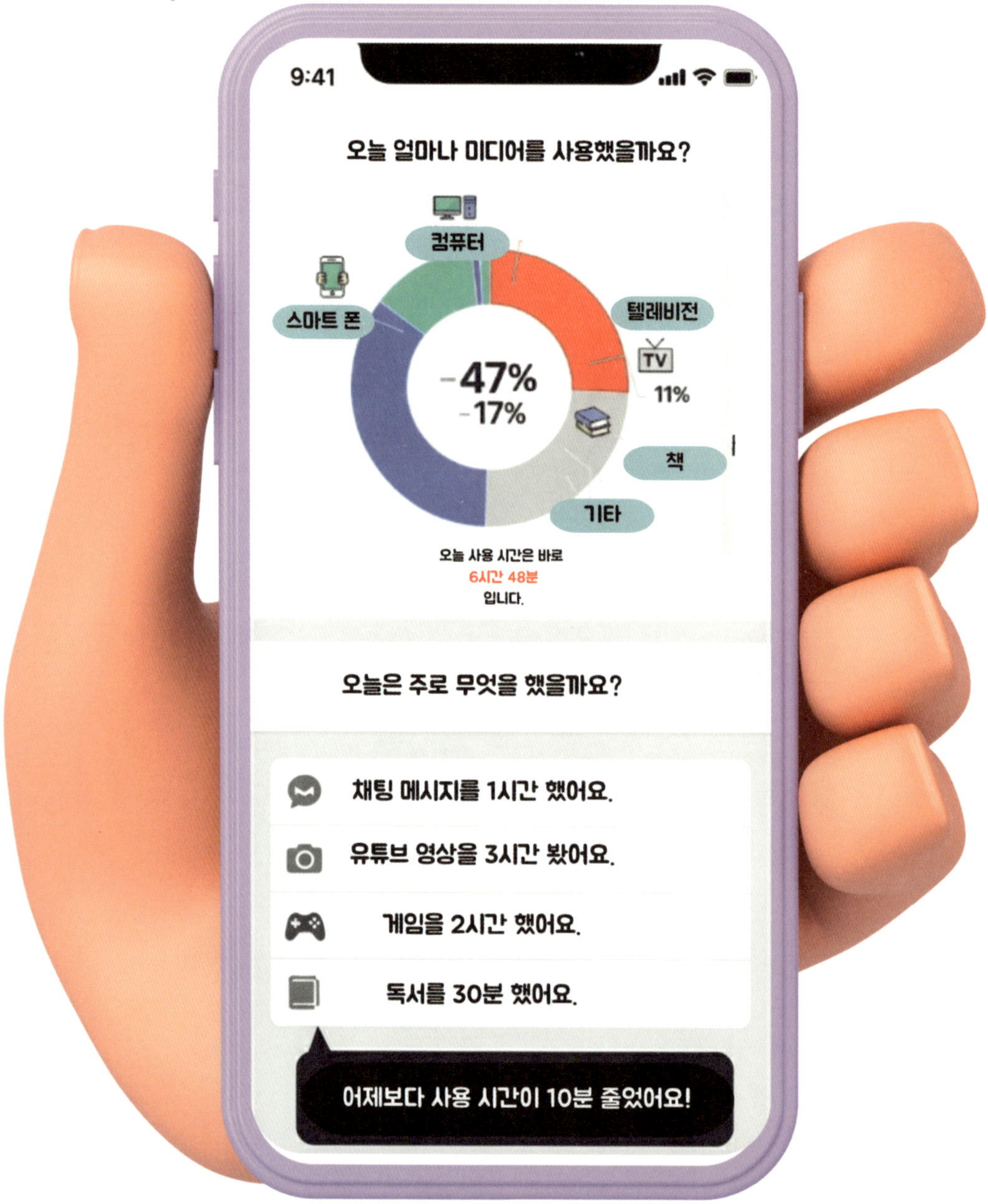

9:41
오늘 얼마나 미디어를 사용했을까요?
컴퓨터
스마트 폰
텔레비전
TV
11%
-47%
-17%
책
기타
오늘 사용 시간은 바로
6시간 48분
입니다.
오늘은 주로 무엇을 했을까요?
채팅 메시지를 1시간 했어요.
유튜브 영상을 3시간 봤어요.
게임을 2시간 했어요.
독서를 30분 했어요.
어제보다 사용 시간이 10분 줄었어요!

1 어제 하루 동안 사용한 미디어를 미디어 가계부에 써 보세요.

시간	사용한 미디어	미디어 활동	사용 시간
예) 오전 7시~8시	스마트폰	유튜브 영상	1시간
합계	( )시간 ( )분		

2 가장 많이 사용하는 미디어와 가장 적게 사용하는 미디어를 쓰고 그 이유를 써 보세요.

가장 많이 사용하는 미디어	이유

가장 적게 사용하는 미디어	이유

3 만약에 미디어를 하루 3시간만 사용할 수 있다면 어떻게 쓸 것인지 계획을 세워 보세요.

내가 좋아하는 인물에 대해서 알아볼까?

나도 미디어 리터러시 전문가!

내가 좋아하거나 관심 있는 인물의 정보를 알아보는 방법을 알려 줄게요. '빅카인즈' 사이트를 소개합니다.

'빅카인즈(BIGKinds)'는 뉴스 기반 데이터베이스를 제공하는 사이트입니다. 시사적인 인물 정보조사나 정보 비교, 비판적 사고를 기르기에 적합한 도구지요!

인터넷에 '빅카인즈'를 검색하고 사이트에 접속해서 뉴스 속 인물을 따라잡아 볼까요?

미리챌 친구들의 목표
① 뉴스 데이터베이스(BIGKinds)를 활용해 인물 정보를 스스로 찾고 정리한다.
② 다양한 출처를 비교하여 신뢰할 수 있는 정보를 선별한다.
③ 뉴스의 관점을 읽고, 비판적으로 사고하는 능력을 기른다.

뉴스빅데이터 분석 서비스,
BIGKinds

 **챌린지 활동**

'빅카인즈' 사이트에 들어가서 내가 좋아하는 인물에 대해 검색해 보세요.

QR코드를 스캔해서 사이트에 접속한 후,
내가 좋아하는 인물의 이름을 입력해서 검색하세요.

1 인물을 정해 보아요.

내가 조사할 인물 이름:

| 정치인 ☐ | 운동선수 ☐ | 과학자 ☐ |
| 연예인 ☐ | 역사 속 인물 ☐ | 기타 ☐ |

2 빅카인즈에서 뉴스를 검색해 보아요.

① 빅카인즈 사이트에 접속 후, 인물 이름을 검색해 보세요.

② 아래 내용을 적어 보세요.

－뉴스 개수(최근 1년 기준): _____ 건

－가장 많이 나온 키워드 3건(step 3-분석 및 시각화-연관어 분석)

1) _____ 2) _____ 3) _____

③ 가장 인상 깊었던 기사

제목:

출처(언론사):

뉴스 기사를 읽고 핵심 키워드 '3개'를 골라서 써 보세요.

1) _____ 2) _____ 3) _____

같은 사건에 대해 다른 의견이 있을 수 있다고?

로빈후드는 옛날 영국을 배경으로 한 이야기예요.

그는 부자, 귀족, 심지어 왕의 재산까지 훔쳐서 힘없고 가난한 사람들에게 나누어 주었어요.

그래서 어떤 사람들은 그를 정의로운 영웅이라고 하지만, 다른 사람들은 법을 어긴 도둑이라고 생각해요.

숲의 영웅, 로빈후드!

숲속소식신문 1195년 2월 23일 / 기자: 엘리자

노팅엄의 숲에서 새로운 영웅이 나타났습니다. 그의 이름은 로빈후드! 로빈후드는 부당한 세금 착취로 고통받는 백성들을 도우며, 부자들에게서 빼앗은 금화를 가난한 사람들에게 나누어 준다고 합니다.

비록 왕의 병사들에게 쫓기지만, 백성들은 그를 "정의의 도둑"이라 부르며 응원하고 있습니다. 많은 사람들이 로빈후드의 용기와 정의로운 행동을 칭찬하고 있습니다. "로빈후드 덕분에 다시 희망을 갖게 되었어요!"라고 한 농부는 말했습니다.

오늘도 숲속 어딘가에서, 로빈후드는 우리 주변의 약한 이들을 위해 싸우고 있습니다.

왕의 재산을 훔치는 위험한 도둑, 로빈후드!

왕립공보 1195년 2월 23일 / 기자: 윌리엄

노팅엄 지역에 숨어 사는 로빈후드라는 자가 백성의 질서를 통치하는 국왕과 관리들의 명령을 거역하며 큰 혼란을 일으키고 있습니다.

그는 귀족과 관리들의 재산을 빼앗고, 법을 무시한 채 숲속에서 몰래 사람들을 모으고 있습니다. 이로 인해 마을의 질서가 흔들리고, 나라의 세금이 제대로 걷히지 않아 백성들이 더 큰 피해를 입고 있습니다.

병사들은 로빈후드 일당을 체포하기 위해 수색을 강화하고 있으며, 백성들에게도 그를 숨기지 말라는 명령을 내렸습니다. 법을 어기는 자는 특별한 이유가 있어도 도둑일 뿐입니다.

챌린지 활동

같은 일도 보는 사람마다
다르게 느낄 수 있어요!

같은 일을 볼 때 친구와 생각이 다른 적이 있나요? 예를 들어, 비가 오는 날을 상상해 봐요. 농사를 짓는 농부는 "비가 와서 작물이 잘 자라겠어!"라고 기뻐해요.

그런데 친구와 술래잡기를 하려고 한 미리는 "비가 와서 속상해"라고 말할 수 있어요. 이처럼 '같은 일'도 보는 사람의 입장에 따라 다를 수 있어요.

역사 속에도 이런 일이 있어요. 위의 신문을 보고 아래의 표를 채우며 각 기사에서 "이 기사를 쓴 사람은 어떤 입장에서 말하고 있을까?" 생각해 보세요.

숲속소식신문과 왕립공보의 입장을 표로 정리해 봅시다.

비교해 볼 주제	숲속소식신문	왕립공보
로빈후드의 모습		법을 어기는 위험한 도둑
왕과 귀족에 대한 입장	부당한 세금을 걷어 백성을 괴롭힘	
로빈후드의 행동 목적		왕과 귀족의 세금을 훔쳐 혼란을 일으킴
로빈후드가 하는 일의 의미	정의와 평등을 위한 행동	

인터넷의 정보는 모두 믿어도 되는 걸까?

담임선생님께서 '조선시대 왕과 백성들의 삶'에 대해 검색하고 정리하는 숙제를 내주셨어.
미리가 인터넷에서 자료들을 찾았는데 가장 조회수가 높은 두 개의 검색 결과 내용이야.

미리는 검색 결과를 보고 어떤 내용을 토대로 정리를 해야 할지 고민이 되었어.

제목: 조선은 완벽한 모습이었다.

조선은 아주 좋은 나라였어요. 조선시대의 왕들은 모두 훌륭했고, 백성들도 항상 순종했답니다. 임금님의 말은 곧 법이었고, 모두가 평화롭게 살았다고 해요. 지금보다 훨씬 정의롭고 질서 있는 사회였죠. 요즘 세상보다 조선시대가 더 좋았다는 사람들도 많다고 하네요.

출처: 개인의 SNS
작성일: 2010.5.3.

제목: 조선시대의 모습은?

조선시대는 훌륭한 문화와 제도를 많이 남긴 시대였지만, 모든 왕이 완벽했던 것은 아니었어요. 어떤 왕은 백성들을 위해 좋은 정책을 펼쳤지만, 또 어떤 왕은 권력을 지키기 위해 경쟁자를 잔혹하게 제거하기도 했지요. 백성들의 삶도 시대나 계급에 따라 달랐고, 신분 차별 문제도 심각했어요.

조선의 진짜 모습은 여러 기록과 유물, 전문가들의 연구를 통해 알 수 있답니다.

출처: 어린이 역사 잡지 《역사 속으로》
김미래 기자, 국립중앙박물관 누리집
작성일: 2025.8.16.

SNS에 올라온 글이라고 해서 모두 믿을 수 없는 것은 아니에요. 중요한 건 자료가 얼마나 신뢰할 수 있는지 살펴보는 거예요. 작성자가 누구인지, 출처가 분명한지, 정보가 너무 오래되지 않았는지도 함께 확인해 보세요. SNS의 글이라고 무조건 틀리고, 누리집(웹사이트)의 글이라고 해서 다 맞는 건 아니랍니다.

인터넷에서 찾은 자료가 믿을 만한지 판단하는 방법이에요.

1 〈보기〉의 단어를 바르게 채워 보세요.

<보기>
누리집 광고 출처 확인 비교 전문가

① 이 자료가 어디에서 나온 것인지 꼭 확인해요. ☐☐ 를 살펴보아요.

② 학교, 박물관, 정부 기관처럼 믿을 수 있는 곳의 ☐☐☐ 인지 확인해요.

③ 내용을 쓴 사람이 교수, 기자, 연구원 같은 ☐☐☐ 인지 확인해요.

④ 여러 자료를 서로 ☐☐ 하면, 정보가 사실인지 더 정확하게 알 수 있어요.

⑤ 그림이나 글이 지나치게 자극적이거나 이상하다고 느껴지면, 다른 자료를 ☐☐ 해 보는 것이 좋아요.

⑥ 정보보다 ☐☐ 가 많거나 제목이 자극적이라면, 클릭을 노린 허위 정보일 수 있으니 꼭 다시 확인해 봐야 해요.

2 그렇다면 미리가 찾은 정보를 비교해 볼까요?

체크해 볼 사항	(가) SNS글	(나) 역사잡지(누리집 글)
작성자가 전문가인가(o,x)		
내용이 너무 한쪽으로 치우치거나 제목이 자극적이진 않은가(o,x)		
내용이 너무 오래된 것은 아닌가(o,x)		

3 (가)와 (나) 중에서 더 신뢰할 만한 글과 그 이유를 적어 보세요.

한국십진분류법 900 역사

107

김장도 유네스코 세계유산이라고?

한국십진분류법 900 역사

유네스코 문화유산, 우리나라도 있어요!

1. 세계유산(유형문화유산)

눈으로 볼 수 있고, 손으로 만질 수 있는 건물이나 유물이에요. 우리나라에는 **석굴암과 불국사, 종묘, 수원 화성, 가야 고분군** 등 형태가 남아 있는 멋진 문화재들이 유네스코에 등재되어 있어요.

2. 인류무형문화유산(무형문화유산)

모양은 없지만 사람이 말하거나 노래하거나 춤을 추는 등 다양한 행동과 소리로 이어져 오는 문화예요.

3. 세계기록유산

책이나 문서처럼 기록으로 남은 역사적인 자료입니다. 우리나라에는 **훈민정음 해례본, 조선왕조실록, 산림녹화기록물** 등이 세계기록유산으로 등록되어 있어요.

유네스코(UNESCO)는 전 세계의 소중한 유산을 목록으로 만들고 지키는 국제 기구랍니다.

▶ **왜 중요할까요?**

이런 유산들은 우리 조상들의 지혜와 문화를 보여 주는 보물이기 때문에 우리가 배우고, 자랑하고, 지켜야 할 것이에요. 그리고 전 세계 사람들과 함께 소중히 여겨야 해요.

챌린지 활동

우리나라의 문화유산 정보를 안내해 주는 사이트예요.
'문화재청'의 새 이름 '국가유산청'이 운영하는 '국가유산포털'
누리집에 접속해서 소중한 우리의 문화유산을 살펴보세요.

국가유산청 – 국가유산포털의 '유네스코 등재유산'
을 살펴보세요.
세계유산, 인류무형문화유산, 세계기록유산 이렇게
세 가지로 분류해서 소개하고 있어요. 어떤 유산들이
있는지 직접 확인해 볼까요?

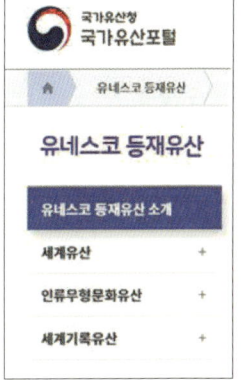

1 누리집을 살펴보고 아래의 표를 채워 보세요.

분류	우리나라 등재 유산 수
세계유산	
인류무형문화유산	
세계기록유산	

2 살펴본 우리의 자랑스러운 국가유산 중, 외국 친구들도 볼 수 있게 SNS에 소개글을 올린다면
어떻게 쓸 수 있을까요?

꼭 들어가야 할 내용

① 어떤 종류의 유산인지(세계, 무형, 기록)

② 유네스코에 등재된 시기(예-1995년)

③ 소개하는 글(유산의 특징을 살려서)

④ 이 유산을 고른 이유

디지털 권리장전 따라쓰기

디지털 세계는 우리들이 미래에 살아갈 세상이에요. 우리는 이 디지털 세상에서 모두가 자유롭고 평등하고 안전하게 살아갈 권리가 있어요. 이에 따라 우리는 다음의 다섯 가지 원칙을 지키고 실천할 것을 함께 약속해요.

1. 자유와 권리를 소중히 해요.

따라쓰기 →

우리는 디지털 세상에서 표현의 자유를 누리고, 다른 사람의 생각과 다양성을 존중해요.
우리의 개인정보는 우리가 스스로 지키고, 다른 사람의 개인정보를 함부로 다루지 않아요.

2. 공정하게 기회를 나누고 함께 발전해요.

따라쓰기 →

디지털 기술의 혜택을 누구나 공평하게 누릴 수 있도록 노력해요.
디지털 세상에서 누구도 소외되지 않도록, 어려움을 겪는 친구가 있다면 기꺼이 도와줘요.

3. 안전하고 믿음직한 디지털 사회를 만들어요.

따라쓰기 →

우리는 가짜 뉴스나 유해 정보에 속지 않고, 올바른 정보를 찾아요.
온라인에서의 사이버 폭력이나 괴롭힘을 외면하지 않고, 용기를 내어 도움을 요청하거나 서로를 보호해요.

4. 새로운 기술을 배우고 창의적인 미래를 꿈꿔요.

따라쓰기 →

인공지능(AI)과 같은 새로운 기술을 배우고 활용하여, 우리의 삶과 사회를 더 좋게 만들어 가요.
미래를 이끌어 갈 기술을 책임감 있게 사용하고, 올바른 방향으로 발전시켜 나가요.

5. 우리 모두 손잡고 더 나은 세상을 만듭니다.

따라쓰기 →

디지털 세상에서도 다른 나라의 친구들과 서로 배우고 협력해요. 우리 함께 모여 디지털 세상의 문제를 해결하고, 더 좋은 규칙을 만들어 나가요.

챌린지 50

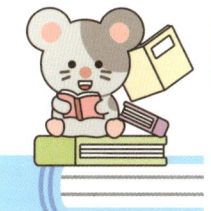

미.리.챌. 상장

끝까지 챌린지를 해낸 나에게 상장을 주어 크게 칭찬해 보세요.

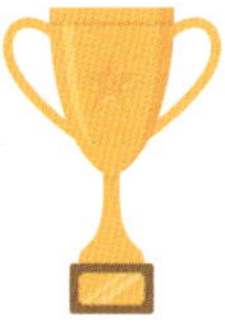

미리챌 상장

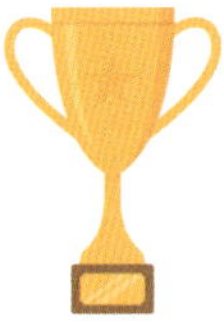

이름 :

위 사람은 평소 미디어 리터러시에 관심이 많고
미디어 리터러시 챌린지에 도전하여
모든 미션을 끝까지 완료하였기에
이 상장을 드립니다.

20　　년　　월　　일
미리챌 학교장

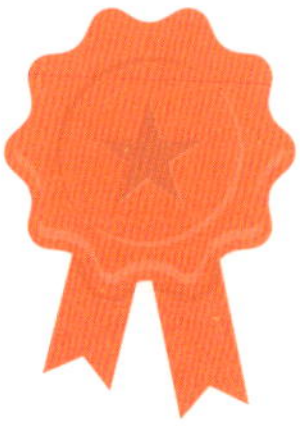

정답 및 해설

챌린지 1

1. 웹툰, 편지, 스마트폰, 영화, 사진 2. ②
3. 정보를 전달하는 다양한 매체를 이해하고, 매체가 전달하는 내용을 분석하여 평가하는 능력. 즉, 미디어를 비판적으로 읽고 분석하며, 창의적으로 쓰는 능력

챌린지 2

1.

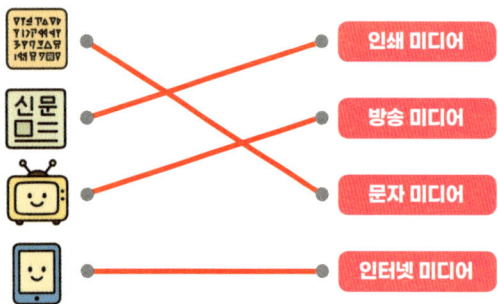

2.

상황	20년 전 초등학생	현재의 나
친구에게 연락할 때	전화, 삐삐(무선호출기) 등	스마트폰, SNS 등
영상물을 볼 때	텔레비전, 영화관 등	텔레비전, 영화관, 스마트폰, OTT 등
새로운 소식을 접할 때	텔레비전, 신문, 잡지, 라디오 등	유튜브, 포털 사이트, SNS 등

3.

	종류	특징	공통점
올드 미디어	신문, 라디오, 텔레비전 등	– 정보를 일방적으로 전달 – 한번 만들어진 정보는 시청자나 청취자가 보기만 할 수 있음 – 정보 제공 방식이 한정적 – 시간이 고정되어 있음	– 정보를 전달 – 영상 등으로 즐거움을 얻음 – 지식 교육 기능 – 광고 및 홍보 기능
뉴 미디어	인터넷, SNS, 유튜브 등	– 사람들이 서로 소통하면서 정보를 주고받음 – 댓글을 달거나, 동영상을 만들거나, 다양한 방법으로 직접 참여 가능 – 어디서든 정보를 찾을 수 있음	– 정보를 전달 – 영상 등으로 즐거움을 얻음 – 지식 교육 기능 – 광고 및 홍보 기능

챌린지 3

1. ① 책 ② 텔레비전 ③ 스마트폰 ④ 라디오 ⑤ 인터넷
2. 자유 답안
3. 자유 답안

챌린지 4

1. ① 출처 ② 비교 ③ 날짜, 시간 ④ 사진, 영상
2. 자유 답안

챌린지 5

자유 답안

챌린지 6

1. 아바타 2. 브이로그 3. ①, ②

챌린지 7

1. 자유 답안
2. 자유 답안
3. 자유 답안

챌린지 8

1. ③ 2. ② 3. 자유 답안

챌린지 9

1. 자유 답안
2. 동굴 속 그림자는 진실이 아니야.(O)
   질문하는 연습을 거듭해서 질문하는 힘을 키워야 해. (O)
3. 플라톤: (고개를 끄덕이며 단호하게) 맞아. 눈앞에 보이는 그림자에 속지 말고, '질문하고 생각하라'고 우리가 아이들에게 꼭 전해 줘야 해.

챌린지 10

1.

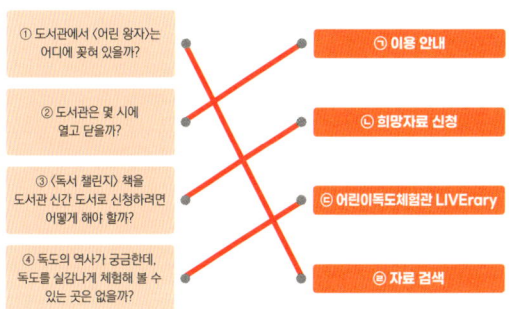

2. 자유 답안

챌린지 11

1. ① 밥 ② 잠 ③ 안전 ④ 친구
⑤ 응원 ⑥ 꿈 ⑦ 최선
2. 자유 답안

챌린지 12

1. 자유 답안
2. 자유 답안

챌린지 13

1. (낱말이 들어가면 정답)
누가: 두 연인, 아기, 랍비
언제: 지난 3일
어디서: 이스라엘의 하엘리욘 법정
무엇을: 두 여인이 한 아기를 두고 서로 친어머니라고 주장하여 법정에서 다툼이 벌어짐.
어떻게: 랍비가 병사에게 아기를 반으로 나누라고 명령함.
왜: 아기의 생명을 살리려는 모성애가 진짜 어머니를 밝힐 수 있는 방법이라고 생각했기 때문에.
2. 자유 답안

챌린지 14

1. 사실, 의견, 사실, 사실, 의견, 사실, 의견, 사실, 의견
2. 자유 답안

챌린지 15

(의미가 통하면 정답)
1. 자신감 있고 힘이 센 느낌을 준다.
2. 강렬한 붉은색과 빛나는 선 때문에 에너지가 넘치고 활기찬 느낌을 준다.
3. 헤라클레스는 그리스로마신화에서 힘이 센 영웅이라, 이 음료를 마시면 헤라클레스처럼 힘이 세진다는 이미지를 주기 위해서다.
4. 힘이 세지고 멋진 영웅이 될 것 같다.
5. 실제 그렇게 되진 않을 것이다. 이건 보통의 음료이다.
6. 이 음료만 마시면 힘이 강력해진다는 부분
7. 강력한 에너지를 얻고 싶은 마음
8. 자유 답안

챌린지 16

1.

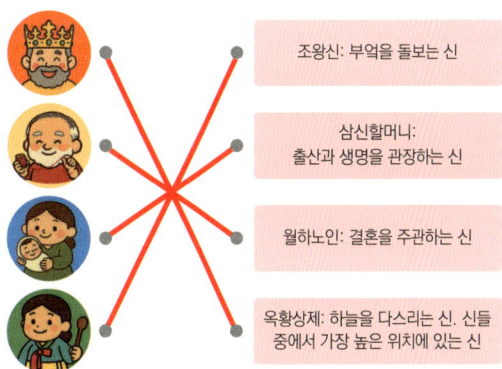

2. (의미가 통하면 모두 정답)옥황상제: 문제의 해결책을 찾으려고 하고, 다른 신들에게 명령을 내리는 것을 보아 가장 높은 위치임을 알 수 있음/월하노인: '혼인이 줄어들고 있다'는 말을 한 것을 보고 결혼을 주관하는 신임을 유추할 수 있음/삼신할머니: 임신에 대해서 이야기하고, 프로필 사진에 아기를 안고 있는 것을 보고 유추함/조왕신: 혼인하는 사람이 줄어드니 자신이 할 일이 줄어든다고 얘기하고, 프로필 사진에서 주걱을 들고 있는 것으로 보아 부엌을 돌보는 신이라고 유추할 수 있음.

3.

O	태어나는 아기의 수가 줄고 있다. 옥황상제는 낮은 출산율을 해결할 방법을 찾고 있다.
X	혼인 수가 늘어나고 있다. 낮은 출산율을 높이는 방법은 한 가지 문제만 해결하면 된다.

챌린지 17

1. 배려   2. 자유 답안   3. 자유 답안

챌린지 18

1. ③   2. 자유 답안
3. 복습한다.(다시 본다 등)   4. 자유 답안

챌린지 19

1. ②   2. ③   3. 자유 답안   4. 자유 답안

챌린지 20

1. 자유 답안   2. 자유 답안

챌린지 21

(가) 척추 (나) 무척추
㉠ 어류 ㉡ 양서류 ㉢ 파충류 ㉣ 조류 ㉤ 포유류
㉥ 연체류 ㉦ 절지류

챌린지 22

1. 자유 답안
2. 자유 답안
3. 자유 답안
4. 자유 답안

챌린지 23

자유 답안

챌린지 24

자유 답안

챌린지 25

1. ②   2. 1.5   3. 자유 답안

챌린지 26

재료: 돼지고기(등심), 감자 전분, 물, 소금, 후추, 양파,
당근, 오이, 식초, 설탕, 간장, 케첩, 전분물

순서:
1) 돼지고기(보통 등심)를 먹기 좋은 크기로 썰고, 소금과
   후추로 밑간을 해 잠시 재워 두기
2) 감자 전분과 물을 섞어 반죽하여 고기에 묻혀 주기
3) 중불에서 기름에 두 번 튀기기
4) 물, 식초, 설탕, 간장, 케첩을 넣고 끓이다가 양파, 당
   근, 오이 등 준비한 채소를 넣어 소스 만들기
5) 소스에 전분물을 넣어 가며 농도 맞추기
6) 고기 위에 소스 뿌리기

챌린지 27

1. 김하늘   2. 드론
3. 사생활 침해, 안전 문제, 배터리 수명 짧음, 기술적 오
   류, 전파간섭, 법적·제도적 문제, 소음, 사이버 보안
   이 중에서 5가지
4.

기술 (기기)	장점	단점
스마트폰	휴대하기 편함, 다양한 기능	시력 저하, 사생활 유출, 집중력 저하
전자책	가벼움, 검색 및 메모가 편함	시력 저하, 기기로만 볼 수 있음, 충전 필요
무선 이어폰	작고 가벼움, 시끄러운 곳에서도 들을 수 있음	귀에 무리가 감, 분실 위험

5. 자유 답안

챌린지 28

1. 세균 감염 질환을 치료하고, 감염으로 인한 합병증을
   예방하기 위한 약
2. ②
3. 올바르지 않은 항생제 사용법으로 항생제가 듣지 않는
   것
4. 항생제를 복용해도 세균이 죽지 않음, 내성이 생긴 항
   생제는 사용할 수 없음, 쓸 수 있는 항생제가 줄어들어
   감염으로 인해 합병증과 사망이 증가
5. 자유 답안

챌린지 29

1. ① 사실 ② 사실 ③ 의견 ④ 의견   2. 자유 답안

챌린지 30

자유 답안

챌린지 31

1.
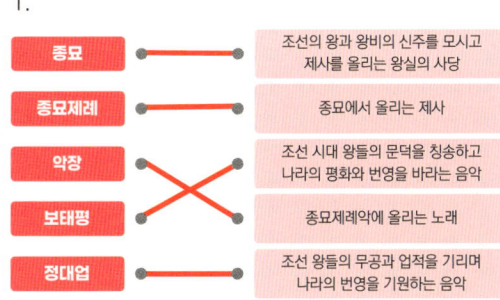

2. 종합예술, 예, 악, 세종대왕, 세조, 세계무형문화유산
3. 국사편찬위원회

챌린지 32

	개최국	획득 메달			종합 순위
제32회 도쿄	일본	06	04	10	16
제31회 리우데자네이루	브라질	09	03	09	8
제30회 런던	영국	13	09	08	5
제29회 베이징	중국	13	11	08	7
제28회 아테네	그리스	09	12	09	9
제24회 서울	대한민국	12	10	11	4

최근 가장 많은 은메달을 획득한 올림픽	가장 좋은 성적을 냈던 올림픽	가장 성적이 부진했던 올림픽
아테네	서울	도쿄

챌린지 33

1. ① 친구사이 ② gogo(고고)
2. ① 알쏭달쏭 ② 자유 답안

챌린지 34

2. 책의 제목을 살펴보고 '프랑스어 초급단계, 입문자 단계' 등 쉬운 단계의 책부터 시작해봐 등 자유 답안
3. 나는 초등학교 5학년이고 영어는 짧은 단어를 꽤 알고 있어. 짧은 문장도 읽고 무슨 뜻인지 알 수 있어. 예를 들어 안부를 묻는 영어 문장과 오늘 내 기분을 표현할 수 있지. 영어를 배우고 싶은 이유는 내가 좋아하는 책이 영어로 적혀 있어서 원서를 읽고 해석해 보고 싶어서야. 차근차근 영어를 배우고 싶은데 내 수준에 맞는 공부 방법과 계획을 세워 줘. 등 자유 답안

챌린지 35

1. 백지장도 맞들면 낫다.
2. 아무리 마음에 들어도 이용할 수 없거나 차지할 수 없는 경우
3. 수박 겉핥기, 콩 심은 데 콩 나고 팥 심은 데 팥 난다, 그림의 떡, 호박이 넝쿨째 굴러 들어온다 등 음식이 들어가는 속담

챌린지 36

1. 자유 답안   2. 신청방법   3. ④

챌린지 37

1. X, O, X, O, X   2. 자유 답안

챌린지 38

1. X, O   2. ④
3. 거북이를 응원하는 긍정의 말 또는 토끼의 행동을 그만할 수 있게 하는 말이면 모두 정답

챌린지 39

1. ④ 2. ② 3. 자유 답안
4. 빅데이터 전문가, 클라우딩 전문가, 데이터 과학자, AI 엔지니어 등

챌린지 40

1. 개인정보 2. ④ 3. 자유 답안
4. 자유 답안(다른 사람들이 나의 정보를 알 수 있어서, 내가 남긴 글이 남아 있게 되어 나중에 오해를 살 수 있어서, 시간이 지나도 지워지지 않아서, 잘못된 글이나 개인적인 사진이 퍼질 수 있어서 등)

챌린지 41

1. ③ 2. 자유 답안 3. ②

챌린지 42

자유 답안 예시)
- 온라인에서도 다른 사람의 입장을 생각하고, 상처 주는 말이나 행동은 하지 않겠습니다.
- 내가 올린 정보와 말에 책임을 지는 성숙한 디지털 사용자가 되겠습니다. 등

챌린지 43

1. ④ 2. ③
3. ① 참 ② 참 ③ 거짓
   ④ 거북이가 속임수를 쓴 것이 아니라, 쉬지 않고 성실하게 달려서 경주에서 이길 수 있었다.
4. 자유 답안

챌린지 44

1. 자유 답안
2. 자유 답안
3. 자유 답안

챌린지 45

1. 자유 답안
2. 자유 답안

챌린지 46

비교해 볼 주제	숲속소식신문	왕립공보
로빈후드의 모습	백성을 돕는 정의로운 영웅	법을 어기는 위험한 도둑
왕과 귀족에 대한 입장	부당한 세금을 걷어 백성을 괴롭힘	백성의 질서를 지키는 통치자
로빈후드의 행동 목적	가난한 사람을 돕기 위함	왕과 귀족의 세금을 훔쳐 혼란을 일으킴
로빈후드가 하는 일의 의미	정의와 평등을 위한 행동	법을 어기고 질서를 무너뜨리는 행동

챌린지 47

1. 출처, 누리집, 전문가, 비교, 확인, 광고
2.

체크해 볼 사항	(가) SNS글	(나) 역사잡지, 누리집글
작성자가 전문가인가(o,x)	x	o
내용이 너무 한쪽으로 치우치거나 제목이 자극적이진 않은가(o,x)	o	x
내용이 너무 오래된 것은 아닌가(o,x)	o	x

3. (나)
   - 전문가가 작성한 글이기 때문에
   - 믿을 만한 누리집의 글이기 때문에
   - 최신의 내용이기 때문에 등

챌린지 48

1.

분류	등재 유산 수
세계유산	17
인류무형문화유산	23
세계기록유산	20

(2025. 12. 12. 기준)

2. 자유 답안

챌린지 49

자유 답안

챌린지 50

이름과 날짜 쓰기

교육과정과 이렇게 연계해요(총류)

챌린지 1

[2국06-01] 일상의 다양한 매체와 매체 자료에 흥미와 관심을 가진다.
[4국06-03] 매체 소통 윤리를 고려하여 매체 자료를 활용하고 공유한다.
[4도정01-01] 정보매체의 종류와 특징을 이해한다.
[4도정01-02] 정보매체에 적용된 디지털 기술의 발달 과정을 파악한다.

챌린지 2

[4사04-03] 옛날부터 오늘날까지 통신수단의 변화에 따른 정보 교류와 의사소통 방식의 변화를 설명한다.
[4사03-01] 최근 사회 변화의 양상과 특징을 파악하고, 그로 인해 나타난 생활모습의 변화를 탐색한다.
[6도정01-01] 정보통신 기술의 발달이 정보매체 변화에 끼친 영향을 조사한다.

챌린지 3

[6도정01-02] 정보매체 발달에 따른 학교생활의 변화를 알아보고, 미래 학교생활을 예측한다.

챌린지 4

[4도정03-01] 잘못 알고 있는 정보 때문에 어려움을 겪은 경험을 발표한다.
[6도정03-04] SNS를 통한 관계망 형성과 정보 수용 과정에서 비판적 태도의 중요성을 이해한다.

챌린지 5

[4도03-02] 디지털 사회에서 발생하는 다양한 문제를 살펴보고, 해결 방안을 탐구하여 정보통신 윤리에 대한 민감성을 기른다.
[6도정02-05] 디지털 미디어에서 정보를 찾을 때 유의할 사항 등을 이해한다.

챌린지 6

[4국06-03] 매체 소통 윤리를 고려하여 매체 자료를 활용하고 공유한다.
[6도정02-03] 정보과제 해결 과정에서 디지털 미디어의 올바른 활용 방법을 이해한다.

챌린지 7

[6국05-06] 작품을 읽고 자신의 삶과 연관 지어 성찰하는 태도를 지닌다.
[2도정04-03] 디지털 세상의 특징을 이해하고 스마트 기기의 사용 경험을 공유할 수 있다.

챌린지 8

[6국02-01] 글의 구조를 고려하며 주제나 주장을 파악하고 글 내용을 요약한다.
[4도정02-01] 학교도서관의 정보원을 활용하여 다양한 정보문제를 해결할 수 있음을 이해한다.

교육과정과 이렇게 연계해요(철학)

챌린지 9

[6국05-03] 소설이나 극을 읽고 인물, 사건, 배경을 파악한다.
[6국03-01] 쓰기는 절차에 따라 의미를 구성하고 표현하는 과정임을 이해하고 글을 쓴다.

챌린지 10

[6국06-01] 정보 검색 도구를 활용하여 자신의 목적에 맞는 매체 자료를 찾는다.
[6국01-05] 자료를 선별하여 핵심 정보를 중심으로 내용을 구성하고 매체를 활용하여 발표한다.

챌린지 11

[6실01-01] 아동기의 발달 특징을 이해하고 성장발달에 필요한 조건과 방법을 탐색한다.
[4도정04-01] 정보 내용을 자신의 생각과 견해로 종합하는 것이 창의적 과정임을 이해한다.

챌린지 12

[4미02-01] 관찰과 상상으로 아이디어를 떠올려 표현 주제를 구체화할 수 있다.
[4도정04-02] 종합한 정보 내용을 자신만의 창의적 방법으로 표현할 수 있다.

교육과정과 이렇게 연계해요(종교)

챌린지 13

[6국02-01] 글의 구조를 고려하며 주제나 주장을 파악하고 글 내용을 요약한다.
[4도정04-02] 종합한 정보 내용을 자신만의 창의적 방법으로 표현할 수 있다.

챌린지 14

[4국02-04] 글에 나타난 사실과 의견을 구분하고 필자와 자신의 의견을 비교한다.
[4도정03-03] 찾은 정보가 설명하는 내용인지와 주장하는 내용인지를 구분할 수 있다.

챌린지 15

[4미03-04] 작품 감상에 흥미를 가지고 참여하며 작품에 대한 자신의 감상 관점을 존중할 수 있다.
[4미03-02] 미술 작품의 특징과 작품에 관한 자신의 느낌과 생각을 설명할 수 있다.
[4도정01-01] 정보매체의 종류와 특징을 이해한다.

챌린지 16

[4사03-01] 최근 사회 변화의 양상과 특징을 파악하고, 그로 인해 나타난 생활모습의 변화를 탐색한다.
[4도정04-01] 정보 내용을 자신의 생각과 견해로 종합하는 것이 창의적 과정임을 이해한다.

교육과정과 이렇게 연계해요(사회과학)

챌린지 17

[4도02-03] 공감의 태도가 필요한 이유를 이해하고 도덕적 상상력을 바탕으로 대상과 상황에 따라 감정을 나누는 방법을 탐구하여 실천한다.

[4도02-02] 친구 사이의 배려에 대한 올바른 이해를 바탕으로 일상생활에서 배려에 기반한 도덕적 관계를 맺을 수 있는 방안을 탐색한다.

[4도01-04] 다른 사람의 관점을 수용할 수 있는지를 도덕적으로 검토하고 도덕규범을 내면화하여 도덕적으로 행동할 수 있는 자세를 기른다.

[4국03-03] 대상에 대한 자신의 의견과 그렇게 생각한 이유가 드러나게 글을 쓴다.

[6도03-02] 정의에 관한 관심을 토대로 공동체 규칙의 중요성을 살펴보고 직접 공정한 규칙을 고안하며 기초적인 시민의식을 기른다.

[6도정02-02] 다양한 정보매체를 활용해 정보과제를 해결한다.

[6도정03-04] SNS를 통한 관계망 형성과 정보 수용 과정에서 비판적 태도의 중요성을 이해한다.

챌린지 18

[4도01-03] 성실한 생활의 모범 사례를 탐색하고 시간 관리를 위한 생활을 계획하여 지속적인 자기 성장을 모색한다.

[6도01-02] 생활 습관에 대한 성찰을 통해 자기 생활을 점검하고 올바른 계획을 세워 이를 실천한다.

[6국02-04] 문제 상황과 관련된 다양한 관점의 글을 읽고 이를 문제 해결에 활용한다.

[6도정02-02] 다양한 정보매체를 활용해 정보과제를 해결한다.

챌린지 19

[4사07-01] 자원의 희소성으로 인해 경제활동에서 선택의 문제가 발생함을 이해하고, 경제활동에서 합리적 선택의 방법을 탐색한다.

[6실02-01] 시간이나 용돈과 같은 생활자원이 제한되어 있음을 이해하고, 생활자원의 사용가치를 높이는 방법을 탐색한다.

[6도정02-02] 다양한 정보매체를 활용해 정보과제를 해결한다.

챌린지 20

[4도01-01] 자신의 감정을 소중히 여기며 존중하는 태도를 바탕으로 내가 누구인가를 탐구한다.

[6실01-07] 직업의 필요성을 이해하고 적성, 흥미, 성격에 따라 진로 발달 계획을 세우고 주도적으로 탐색한다.

[6도01-03] 자기가 하고 싶은 일을 선택할 때 도덕적 고려의 필요성을 알고 자신의 특기와 적성을 탐색하여 진로계획을 수립한다.

[4도정04-02] 종합한 정보 내용을 자신만의 창의적 방법으로 표현할 수 있다.

[6도정02-03] 정보과제 해결 과정에서 디지털 미디어의 올바른 활용 방법을 이해한다.

교육과정과 이렇게 연계해요(자연과학)

챌린지 21

[4과02-01] 여러 가지 동물을 관찰하여 특징에 따라 동물을 분류할 수 있다.
[6도정02-04] 정보과제의 유형을 나누고, 정보 과제를 분석하는 방법을 세울 수 있다.

챌린지 22

[4과12-03] 우리 생활에 생명과학이 이용되는 사례를 소개하는 자료를 만들어 공유할 수 있다.
[6도정02-02] 다양한 정보매체를 활용해 정보과제를 해결한다.

챌린지 23

[4과13-02] 태양계 구성원을 알고, 태양과 행성을 조사할 수 있다.
[4과13-03] 별의 정의를 알고, 북극성 주변의 별자리를 관찰할 수 있다.
[4도정02-04] 일상생활이나 학습상황에서 생기는 궁금증, 의문사항을 정보과제로 설정할 수 있다.

챌린지 24

[4국06-01] 인터넷에서 학습에 필요한 다양한 자료를 탐색하고 목적에 맞게 자료를 선택한다.
[4과03-02] 다양한 환경에 서식하는 식물을 조사하여 식물의 생김새와 생활 방식이 환경과 관련되어 있음을 설명할 수 있다.
[6도정02-02] 다양한 정보매체를 활용해 정보과제를 해결한다.

교육과정과 이렇게 연계해요(기술과학)

챌린지 25

[4과16-03] 기후변화 대응 방법을 조사하고, 생활 속에서 기후변화 대응 방법을 실천할 수 있다.

[6도04-01] 지구의 환경 위기 상황을 이해하고, 이를 극복하기 위한 다양한 방안을 찾아 자신의 일상에서 실천하고자 노력한다.

[6도정04-01] 정보표현의 내용에 따라 적합한 표현 양식과 매체 유형을 선정할 수 있다.

[4도정04-03] 글과 그림과 몸짓 등으로 정보를 표현할 수 있다.

챌린지 26

[6실02-05] 음식의 조리과정을 체험하여 자기 간식이나 식사를 스스로 마련하는 식생활을 실천한다.

[6도정02-01] 정보표현의 내용에 따라 적합한 표현 양식과 매체 유형을 선정할 수 있다.

챌린지 27

[6실04-04] 로봇의 개념과 구조를 이해하고, 생활 속 로봇 기능을 체험하여 로봇의 중요성을 인식한다.

[6도02-03] 인간과 인공지능 로봇 간의 다양한 관계를 파악하고 도덕에 기반을 둔 관계 형성의 필요성을 탐구한다.

[6도정03-02] 디지털 미디어의 발달로 인한 부정적인 면을 조사하고 그 대안을 발표한다.

챌린지 28

[4체01-04] 건강을 위한 바른 생활 습관을 이해하고 생활 속에서 규칙적으로 실천한다.

[4과08-03] 건강한 생활을 위해 필요한 감염병 예방 수칙을 공유하고, 생활 속에서 실천할 수 있다.

[6도정02-02] 다양한 정보매체를 활용해 정보과제를 해결한다.

교육과정과 이렇게 연계해요(예술)

챌린지 29

[6미03-01] 미술 작품을 작품이 만들어진 시대적, 지역적 배경 등과 연결하여 이해할 수 있다.
[4도정03-03] 찾은 정보가 설명하는 내용인지와 주장하는 내용인지를 구분할 수 있다.

챌린지 30

[4사02-02] 오래된 물건이나 자료들을 주변에서 살펴보고, 이를 통해 과거의 모습을 살펴볼 수 있음을 이해한다.
[4도정04-02] 종합한 정보 내용을 자신만의 창의적 방법으로 표현할 수 있다.

챌린지 31

[6음02-05] 우리나라 음악 문화유산을 찾아 듣고 국악의 가치를 인식한다.
[4도정03-04] 디지털 미디어를 통한 정보의 수용은 내용의 정확한 출처를 명확하게 확인한다.

챌린지 32

[6국06-01] 정보검색 도구를 활용하여 자신의 목적에 맞는 매체 자료를 찾는다.
[6도정02-02] 다양한 정보매체를 활용해 정보 과제를 해결한다.

교육과정과 이렇게 연계해요(언어)

챌린지 33

[6국04-01] 음성 언어 및 문자 언어의 특성을 이해하고 다양한 매체 자료에서 표현 효과를 평가한다.
[4도정04-03] 글과 그림과 몸짓 등으로 정보를 표현할 수 있다.

챌린지 34

[6실05-01] 컴퓨터를 활용한 생활 속 문제해결 사례를 탐색하고 일상생활 속 문제를 해결하기 위한 알고리즘을 다양한 방법으로 표현한다.
[6도정02-02] 다양한 정보매체를 활용해 정보과제를 해결한다.

챌린지 35

[6국02-02] 글에서 생략된 내용이나 함축된 표현을 문맥을 고려하여 추론한다.
[6국04-03] 고유어와 관용 표현의 쓰임과 가치를 이해하고 상황에 맞게 표현한다.
[4도정02-02] 정보문제 해결에 활용할 수 있는 정보원의 다양한 종류를 나눌 수 있다.

챌린지 36

[6국02-01] 글의 구조를 고려하며 주제나 주장을 파악하고 글 내용을 요약한다.
[4도정02-04] 일상생활이나 학습상황에서 생기는 궁금증 의문사항을 정보과제로 설정할 수 있다.

교육과정과 이렇게 연계해요(문학)

챌린지 37

[4국06-03] 매체 소통 윤리를 고려하여 매체 자료를 활용하고 공유한다.
[4도정03-04] 디지털 미디어를 통한 정보의 수용은 내용의 정확한 출처를 명확하게 확인한다.
[4도정05-01] 다양한 저작물 창작자가 있음을 이해한다.
[6도정05-01] 표절이 무엇인지를 알고 올바르게 정보를 이용할 수 있다.

챌린지 38

[4도03-02] 디지털 사회에서 발생하는 다양한 문제를 살펴보고, 해결 방안을 탐구하여 정보통신 윤리에 대한 민감성을 기른다.
[4도02-03] 공감의 태도가 필요한 이유를 이해하고 도덕적 상상력을 바탕으로 대상과 상황에 따라 감정을 나누는 방법을 탐구하여 실천한다.
[4도02-02] 친구 사이의 배려에 대한 올바른 이해를 바탕으로 일상생활에서 배려에 기반한 도덕적 관계를 맺을 수 있는 방안을 탐구한다.
[6도정03-02] 디지털 미디어의 발달로 인한 부정적인 면을 조사하고 그 대안을 발표한다.
[6도정04-04] 온라인 환경에서 의사소통 도구의 올바른 사용과 지켜야 할 예절을 이해한다.

챌린지 39

[6도정01-01] 정보통신 기술의 발달이 정보매체 변화에 끼친 영향을 조사한다.

챌린지 40

[6도정04-04] 온라인 환경에서 의사소통 도구의 올바른 사용과 지켜야 할 예절을 이해한다.

챌린지 41

[6도02-02] 편견이 발생하는 이유를 탐색하여 해결 방안을 살펴보고, 다양성 존중을 바탕으로 다른 사람과 올바른 관계를 맺기 위한 실천 방안을 탐구한다.
[6도정04-04] 온라인 환경에서 의사소통 도구의 올바른 사용과 지켜야 할 예절을 이해한다.

챌린지 42

[4국06-03] 매체 소통 윤리를 고려하여 매체 자료를 활용하고 공유한다.
[6실04-03] 제작한 발표자료를 사이버 공간에 공유하고, 건전한 정보기기의 활용을 실천한다.
[6도정04-04] 온라인 환경에서 의사소통 도구의 올바른 사용과 지켜야 할 예절을 이해한다.

챌린지 43

[6국06-02] 뉴스 및 각종 정보 매체 자료의 신뢰성을 평가한다.
[6도정04-01] 정보표현의 내용에 따라 적합한 표현 양식과 매체 유형을 선정할 수 있다.

챌린지 44

[6국06-04] 자신의 매체 이용 양상에 대해 성찰한다.
[2도정04-04] 디지털 세상에서 주체적으로 스마트 기기를 사용해야 하는 이유를 설명할 수 있다.

교육과정과 이렇게 연계해요(역사)

챌린지 45

[6국06-01] 정보 검색 도구를 활용하여 자신의 목적에 맞는 매체 자료를 찾는다.
[6도정02-02] 다양한 정보매체를 활용해 정보과제를 해결한다.

챌린지 46

[4국02-04] 글에 나타난 사실과 의견을 구분하고 필자와 자신의 의견을 비교한다.
[6도정02-05] 디지털 미디어에서 정보를 찾을 때 유의할 사항 등을 이해한다.

챌린지 47

[4국02-05] 글이나 자료의 출처가 믿을 만한지 판단한다.
[6도정02-05] 디지털 미디어에서 정보를 찾을 때 유의할 사항 등을 이해한다.

챌린지 48

[4사06-01] 지역의 문화유산을 통해 문화유산의 의미와 유형을 알아보고, 문화유산의 가치를 탐색한다.
[4도정04-02] 종합한 정보 내용을 자신만의 창의적 방법으로 표현할 수 있다.

출처

〈단행본〉

강용철, 정형근(2022). 「미디어 리터러시, 세상을 읽는 힘」. 서울: 샘터(샘터사).

대구광역시교육청(2024). 「나의 첫 미디어교육 수업 사례: 초등학교교사용」. 대구: 대구광역시교육청.

우미아(2010). 「미디어 이야기: 세상을 바라보는 힘」. 서울: 미래엔 컬처그룹.

권도일(2015). 「성균관 공부벌레들」. 파주: 노란돼지.

〈동영상〉

KOBACO공익광고협의회(2024.4.17.). 공공매너-반전매너. https://youtu.be/OoMScPYFh4A?si=8nox-JiMkLPK9bVx9

KOBACO공익광고협의회(2018.12.24.). 2018공공장소에서의 예절-당신의배려가. https://youtu.be/pnl-h8b2SH0g?si=dObrXhB5q4RIlrw0

EBS뉴스(2025.3.21.). 심부름 대가로 주는 용돈은 아이에게 '독'? 슬기로운 용돈 교육 방법은[클릭!e뉴스]. https://youtu.be/q9fpGd6CeDs?si=T3UaCwKHlSFBwsuu

국가유산청 공식채널(2025.12.10.). [우리역사넷] 종묘제례악 (자막 지원). https://www.youtube.com/watch?v=Edp5iNQ9WpE

환경부(2025.8.31.). [지구ON] 기후적응을 위한 우리 모두의 노력! 같이 공유해 볼까요?!. https://www.me.go.kr/home/mob/board/read.do?menuId=10173&boardMasterId=53&boardId=1629320

대구 MBC뉴스(2020.1.5.). ※추억주의※ 90년대 필수템! 삐삐의 모든 것. https://www.youtube.com/watch?si=oxwXmx1B2OUezM5v&v=-MP7igESC2g&feature=youtu.be

〈웹사이트〉

행복한교육 명예기자리포트(2022.8.12.). 초등 학부모 58.9% "자녀의 경제관념 형성 목적으로 용돈 지급". https://happyedu.moe.go.kr/happy/bbs/selectHappyNotice.do?nttId=12731&bbsId=BBSM-STR_000000000231

질병관리청 홍보지(2024.11.15.). [항생제 내성] 2024년 항생제 내성 예방 캠페인 리플렛. https://www.kdca.go.kr/gallery.es?mid=a20503020000&bid=0003

워크넷 직업심리검사(2025). https://www.work.go.kr/consltJobCarpa/jobPsyExamNew/popup/adult/popIntsOccpSchExam.do

국립수목원 기관소개(2025). https://kna.forest.go.kr/kfsweb/kfi/kfs/cms/cmsView.do?cmsId=F-C_003307&mn=UKNA_06_01_02

국립어린이청소년 도서관(2025). https://nlcy.go.kr/NLCY/main/index.do

한국민속백과대사전(2025). https://folkency.nfm.go.kr/main

픽사베이(2025). https://pixabay.com/

국사편찬위원회(2025). https://www.history.go.kr/

국립국어원 〈우리말 샘〉(2025). https://opendict.korean.go.kr/main

국가유산청 국가유산포털(2025). https://www.heritage.go.kr

대한체육회(2025). https://www.sports.or.kr/

빅카인즈(2025). https://www.bigkinds.or.kr/

초판 1쇄   2026년 1월 31일

지 은 이   강은주, 김정인, 방민지, 정진희
펴 낸 이   박상우
펴 낸 곳   도서출판포스 주식회사
주   소   충청남도 천안시 동남구 옛농고2길 5(원성동)
전   화   1688-4778
팩   스   041-555-3573
메   일   book@phose.co.kr
가   격   12,000
I S B N   9791199027633 53300